AF202993

αυηρ περι γε την πατριδα φιλοστοργοτατος

„Ein Mann, der wie kein anderer
seine Vaterstadt von Herzen liebte."
Antikes Urteil über Alkaios

Erich Weinstock

HEILBRONN
AUS DEM STADTINNERN

Gedichte und Prosa

Zum 70. Jahrestag der Zerstörung

www.tredition.de

© 2014 Erich Weinstock

Umschlagbild: © Thomas Heim-Rueff
unter Verwendung gemeinfreier Bilder von www. pixabay.com.
http://pixabay.com/de/turm-kilianskirche-heilbronn-139642/
http://pixabay.com/de/wein-weinreben-reben-natur-340891/

Verlag: tredition GmbH, Hamburg

ISBN: 978-3-8495-8984-4 (Paperback)
ISBN: 978-3-8495-8985-1 (Hardcover)
ISBN: 978-3-8495-8986-8 (e-Book)

Printed in Germany

Das Werk, einschließlich seiner Teile, ist urheberrechtlich geschützt. Jede Verwertung ist ohne Zustimmung des Verlages und des Autors unzulässig. Dies gilt insbesondere für die elektronische oder sonstige Vervielfältigung, Übersetzung, Verbreitung und öffentliche Zugänglichmachung.

Inhalt

A. ZUR EINFÜHRUNG

Der Verfasser dieses dichterischen Versuchs mit der Geschichte kam 1948 in Heilbronn zur Welt und war im Erwachen zwangsläufig den Nachkriegszuständen des Stadt- und Bürgerlebens ausgesetzt, ohne daß er zu irgendeinem Zeitpunkt Anstoß an den Tatbeständen genommen oder sich Gedanken über den schwanken Weltstand gemacht hätte. Dem Aufbegehren seiner Generation vermochte er sich nicht anzuschließen, allerdings auch nicht ihrer Wiederanpassung. Als mit der Unbefangenheit der Jugend Schluß war, kehrte er der Stadt den Rücken. Doch als er sich ihr in ernsthafter Not nach Jahren wieder zuwandte, war nicht nur Befangenheit da, die die Verbindung erschwerte, - es waren mit einem Mal und mit unabweisbarem Nachdruck auch Erinnerungen eingekehrt, durch die sich die Geschichte und der Eigenwert der Stadt überraschend vor ihm auslegten. Er gab sich den Anforderungen hin, die ganz und gar aus ihm selber an ihn ergingen und tauchte ein in die wundersamen Eingeweide der Stadt. Wobei er gleichzeitig den fürs heutige Haruspizium so nötigen Abstand einhalten durfte. Material für die Betrachtung war genügend vorhanden, beherrschend war aber von vornherein die sonst selten gestellte Grundfrage, was denn die Stadt ihrem Ursprung nach sei. Ursprüngliches läßt sich nur schöpfen, niemals ermitteln, eine wissenschaftliche Arbeit war also nicht gefordert. Es ging ums Unerwartete und gleichzeitig Unverkennbare. Der Sucher erklärte sich einverstanden und überließ sich der Aufgabe. Nach und nach stellten sich, fast von allein, Idee und Bildgestalt ein und wurden zum Ausgangs- und Anhaltspunkt für die Expedition ins Stadtinnere, deren Ergebnisse auf den folgenden Seiten nachzulesen oder zu verifizieren sind.

Die Wahrheit, die hier so ausgiebig bedacht wird, ließ sich nicht anders am Schopf zu fassen, denn durch das Bestehen auf Form. Dem Verlangen nach Form wurde denn Genüge getan; dementsprechend flossen die Inhalte ein. Auch der Wein ist geistige Form, sonst wäre er ja nicht imstande, die Wahrheit aufzunehmen.

Zu beachten ist, daß während der Arbeit an dieser Schrift das Altertum unablässig seine Mitwirkung anmeldete und der Auffassung entgegenwirkte, es gehöre dem inneren Leben dieser Zeit nicht mehr an. Was die Stadt im Innersten ist, hat seit dem schöpferischen Altertum keine weitreichenden Veränderungen erfahren. Wie doch der einwohnende homo sapiens schon so lange keine inneren Fortschritte mehr gemacht hat! Auch das sei anhand unseres Exempels zeit- oder unzeitgemäß statuiert.

Schließlich muß noch inständig darauf aufmerksam gemacht werden, daß die dichterische Wahrheit sehr viel mit der Veritas im Wein, aber nur sehr wenig mit der wissenschaftlichen Korrektheit und der historischen Faktizität zu tun hat. Jene verkürzt sich umgehend zur Nichtigkeit, wenn nach dem Maß der beiden letzteren gemessen wird.

I. DIE DEUTSCHE STADT

„... am stürzenden Strom,
Die Städte ..."
Fr. Hölderlin

Das stetig schwebende Gesicht der Blüte
verdankt sich jener anfänglichen Kraft,
die wachsen hieß, doch dazu nur den Saft
der Morgenstunde in den Dienst bemühte.

Seitdem treibt immerhin in allen Gärten
der Frühling aus die volle farb'ge Pracht;
und selbst die Rodung einer Winternacht
geht über in ein üpp'ges Blütenwerden.

Noch reicht die Stadt nicht hin zum Augenblick,
der die besinnungslose Zier verwandelt
in das bedeutendere Lebensglück

des echten Frucht- und ernsten Samentragens.
Die Hand, die nichts als Rosen zieht, erhandelt
sich nur die taube Frucht des Unbehagens.

II. HEILBRONN

Für Dr. Walter Cantner

„Tränen sind der Seele herber Wein,
Fließend aus des Leids uralter Trotte."
Karl Wolfskehl, Hiob

Gesichter wandeln sich im Lauf der Zeiten, Antlitze nie.
Es veralten Welten träge oder heben überstürzt an,
aber die innere Welt kennt weder Hingang noch Wiederkehr.
Kein Unwesen schadet je dem, was wesentlich,
ans Unzerstörbare reicht Zerstörung nie.
Doch selten nur ordnet sich Vergängliches dem Ewigen zu, -
das wäre das Heilige.
Wird das Heilige zu Unzeiten versucht,
verkehrt sich's ins Unheilige oder Heillose;
ins Begreifen übertragen,
kann's nicht mehr versucht werden.
Im Zustand markloser Knochentrockenheit
bin ich durch den Schutt hindurch
in die Brunnentiefe hinabgestiegen:
Das Heil liegt ewig dort;
gelabt hat es mich nicht,
wohl aber Unheil die Fülle gebracht.
Nie hat der Brunnen den Durst gestillt,
sondern hier wurde das Naß aus mir selber herausgetrieben,
daß ich die Schatten kaum noch sah.
Von Tränen verführt grub ich in einem fort,

erbeutete indes selten mehr als Scherben, Trester und Unrat,
Zeugnisse des veränderlichen Todeslebens.
Sunt lacrimae rerum, ich mag die Dinge betasten, wo ich will.
Wenig Antlitz hat noch die Welt, wenngleich viele Gesichter;
aus Wiederholungen nur besteht die Vergänglichkeit,
nicht aus Einzigkeiten,
die allerdings des Kosmos Schmuck wären.
Und das wenige Einzige ihrer Welt fassen sie jetzt
in trostlosen Vereinheitlichungen zusammen,
häufen so immer mehr Kehricht und Blut auf die Seele.
Drunten aber laufen die Brunnen leer oder ins All ab.
Dabei sind unsere Tränen immer noch
ein ununterbrochenes Rinnsal des Heiligen,
das einst Welten und Städte bewässerte
und dem Wein Wahrheit zumaß,
uns aber den Wunsch benetzt,
daß im Trinken vielleicht wiedererwache
der Sinn des Einzigen
und sich verzehre das öde Schäumen der Zeit.

B. <u>IN VINO VERITAS</u>
Ein Sonettenkranz

οινος γαρ ανϑρωπος διοπτρον.

„Ein Spiegel ist der Wein den Menschen."

Alkaios

„Noch bleibst du im Glase;
Bald in mir mächtig winkst du dem Geist
Mit purpurnem Flügel,
Als kennt' ich dich langher."
Max Kommerell

Der Familie Karlheinz Springer gewidmet

I. DAS WASSER

„... und es ward ihm der Schlüssel
zum Brunnen des Abgrunds gegeben..."
Offenbarung 9,1

Die Wahrheit ist von Anfang an vorhanden:
Ein Quellgrund hält von Ewigkeiten her
den <u>Sinn</u>: der sucht die Weite, fließt ins Meer,
um Wolk' zu werden oder neu zu stranden.

Was einst die Schöpfer als DIE STADT empfanden -
da drunten ward's gezeugt und vielzusehr
geliebt. Nur fiel alsbald die Liebe schwer,
denn jeder Born hat einmal zu versanden.

Drauf wurden alle ursprünglichen Größen
- die sagenhaften Schöpfer, Ahnenreihen -
in ihrer Kraft und Wirklichkeit verkehrt.

Heut' muß der Mut den <u>Sinn</u> nochmal erlösen
und dessen Bündelung zur Welt sich weihen ..., -
wenn auch der Mensch dies selten so erfährt.

II. DER WEIN

οινος, ω φιλε παι, και αλαθεα.

„Der Wein, mein Lieber, bedeutet denn auch Wahrheit."
Alkaios

Wenn auch der Mensch dies selten so erfährt -
er hat zu seinem Ursprung rückzuwallen
und von den Sachlichkeiten abzufallen,
die ihm der Hang der Zeit zunächst gewährt.

Im Wein ist Wiederkunft. Schier unversehrt
beherbergt seines Sinnes stilles Schallen,
was unversehrbar angehört uns allen
und alle haben dennoch stets entbehrt.

Der Trinkende nimmt aus dem Kelch entgegen
Vergangenheit, Vergehen und die Kehre:
Der Wahrheit Eigenmacht wird ihn erregen,

daß er in sich das Eigentum vermehre,
nachdem der Geistbesitz ihm ward verheert,
weil die Erscheinung ihn zuerst belehrt'.

III. ROBERT MAYER

„Denn Gesetze existieren eben so wenig in den
Erscheinungen, sondern nur relativ auf das
Subjekt, dem die Erscheinungen inhärieren, so
fern es Verstand hat, als Erscheinungen nicht
an sich existieren, sondern nur relativ auf
dasselbe Wesen, so fern es Sinne hat.“

Immanuel Kant

Weil die Erscheinung ihn zuerst belehrt',
hat er sich unverseh'ns in sie verrannt,
hat von ihr Einheit und Gesetz begehrt,
damit ihm greifbar blieb der Gegenstand

der Wissenschaft: die Energie. Verkehrt
war's doch, weil Sinnlichkeit den Sinn verbannt
und der Versuch das Phänomen entehrt...,
dies bracht' den werten Mann um den Verstand.

Zum Teil gehorcht die Wirklichkeit der Zahl,
jedoch die Fügung wird von Mal zu Mal
der kalten Künstlichkeit des Zwanges gleichen

und muß daher der freien Schenkung weichen
des Sinns. Er soll aus unsern Seelen branden!
Die Welt indes ist wandelbar entstanden...

15

IV. AUS DER GESCHICHTE DER REBE

> „... *quia vitis ianua vitae.* "
> „...*weil die Rebe eine Pforte zum Leben ist.* "
> *Primas Hugo Aurelianensis*

Die Welt ist gründlich wandelbar entstanden:
So war die Überführung dieses Reises
ins transmontane Reich des Erdenkreises
zielsich'res Werk von kosmischen Gesandten!

Jetzt war zu rechnen einmal mit den Banden
des großen Sternenlaufs und des Geheißes,
die Frucht zu haben als den Preis des Fleißes;
und weil die Boten auch das Licht entwanden

und ewig an den Rebenkultus schnürten,
gehört zum anderen der Durst nach Geist
zum ständigen Geleit des eingeführten

Gewächses in den Tälern hierzulanden,
wo es auch weiterhin zuallermeist
ein Rätsel bleibt, wie Hände Reben fanden.

V. DER WENGERTER

„Habitabat unusquisque sub Vite sua…" *1. Könige 5,5*

Ein Rätsel bleibt, wie Hände Reben fanden,
doch plötzlich gab's ein Wohnen unterm Stock,
ein Plätzchen für den Kittel, für den Rock
und Hoffnung, daß die Herlinge entschwanden!

Da ja der Schößling gerne ging zuschanden
an Widrigkeiten längs der Berge Block,
war seine Lehnung an den deutschen Pflock
bestimmt von Härten, Schärfen, Krümmen, Kanten.

Die brach denn unnachgiebig übers Knie
das beinah bürgerliche, nie vermengte
Geschlecht, das, karg gewachsen, unverklärt,

dem strengen Leben seine Sorge lieh
und Lieblichkeiten aus dem Haus verdrängte,
auf daß zu reinem Wein die Wahrheit werd'.

VI. DAS GÄREN UND WÄHREN

„pinguiaque impressis despumant musta racemis."
"Sind die Trauben gekeltert, dann verbrausen die unreinen Moste."
                                                          Manilius

Auf daß zu reinem Wein die Wahrheit werd'
(und daß aufs neu' der Sinn die Sinne nährt,
ist dieser Vorgang deutlich zu benennen!),
muß jeder Most entschieden aberkennen

der altgewohnten Fesseln Druck und Brennen,
bis sich der Eifer und die Hefe trennen,
die Süße sich zu Geistigkeit verzehrt
und das Gebilde eines Weins sich klärt.

Nun hat der Mensch ein Bleibendes am Ort.
Es einverleibend sich, baut er am Hort
der Wahrheit... Der verwandelt sich dann wieder

hinein in die erstarrten Leibesglieder.
Nichts lechzt nach Geist, den münd'ger Wein beschert,
wie sie, vom Brot der Mühsal ganz beschwert.

VII. DIE AUFKLÄRUNG

„tristis item vetulae vitis sator atque vietae
temporis incusat momen saeclumque fatigat...
nec tenet omnia paulatim tabescere et ire
ad scopulum spatio aetatis defessa vetusto."

„So klagt der Pflanzer der ältlichen und wel-
ken Rebe, betrübt, über den Charakter der
Zeit und hadert mit seinem Jahrhundert...
und er hat nicht bemerkt, daß sich allmäh-
lich alles zersetzt und vergeht, abgetragen
vom langen Weltlauf."

Lukrez

Wie sie, vom Brot der Mühsal ganz beschwert,
die Gläub'gen, lange ihre Tätigkeiten
bezogen auf ein hegendes Begleiten
des Jahreskreises der Natur, da fährt

den Menschen jäh das Wissen in den Herd.
Nachdem sie dieses ihrem Tag einreihten,
geschah es, daß sie ihren Tag entweihten.
Des Wissens bändigendes Walten währt

geraume Zeit. Jedoch die Zeiten bogen
die Nacht herbei: An den Verstand verloren,
hat man des Glaubens Welt nicht mehr verstanden;

das hat den Bürger nach und nach betrogen
ums Glück der Alten, die, dem Sinn verschworen,
zuguterletzt die Schwere überwanden.

VIII. UT VINETA EGOMET CAEDAM MEA...

*(„Um den Karst einmal an den
eigenen Wengert zu legen... ")*

Zuguterletzt die Schwere überwanden
die Sänger, die gelobten Leidenserben
des Weingotts, da sie jegliches Verderben
und Weh in sich ertrugen und entbanden.

Worauf die Schicksalslose einst bestanden,
das war in Seelentafeln einzukerben;
das auferlegte Streben oder Sterben -
die Dichter waren's, die es vorempfanden.

Auch heute folgen sie dem dunkeln Brauch:
Sie steigen darbend aus urbanem Bauch,
erziehen ihre Rank' an fernen Stätten,

kehr'n haltlos wieder, seufzen in Sonetten:
„Selbst wenn uns mal gelingt ein schöner Schimmer -
der Wein ist ewig wahr - wir sind's nicht immer!"

IX. DER BÜRGER

„Cognitor est urbis."
„Wahrheitszeuge der Stadt ist er."
Manilius

Der Wein ist ewig wahr - wir sind's nicht immer,
wir scheinen's manchmal, doch wir suchen's stetig.
Auf einmal blühte, für ein Wahres tätig,
der Bürger. Er, in der Erahnung schlimmer

Gewalten, festigte des Forums Zimmer.
Was er in bitt'rer Pflicht erwarb, fiel gnädig
ans allgemeine Wohl. Sprach er sich ledig
von seinen Ketten, ward sein Grimm noch grimmer.

Es fordert die Besorgung des zivilen Lebens
den einverleibten, nie erlernten Halt
in einer Ordnung brüderlichen Gebens.

Einmal erlischt's, dann wird's im Städtchen kalt:
ach, nur nach Art des Flackerns und Verschwebens,
zuweilen, teilen wir die Wahrgestalt!

X. DAS KÄTHCHEN

„Bald werden sie sich als Freunde und alte Bekannte
begegnen, die schnell zusammentreten, sich vereini-
gen, ohne aneinander etwas zu verändern, wie sich
Wein mit Wasser vermischt."
J.W Goethe, Die Wahlverwandtschaften

Zuweilen teilen wir die Wahrgestalt
des nächsten Weltgeschickes: Keine reicht
geheimer in den Anfang, keine gleicht
der künftigen Natur an Sinngehalt

genauer als dies Gleichnis! Drängend wallt
das Mädchen zu dem Manne - und erbleicht...
Wenn nur dem Pol der Gegenpol nicht weicht
und nicht verborgen sich der Unmut ballt!

Es taumelt heut' die Zweisamkeit ins Trübe,
verflacht, zerschellt und endet im Geschiebe,
dem Unfruchtbaren preisgetan auf immer.

Zum Käthchen spricht's, daß es die Hände hübe
zu dem Erwählten und die Wahl doch bliebe
durch ihn vorausgegeben, den Bestimmer.

XI. <u>EIN WENGERTERTOD</u>

Im Gärbottich erstickt am Morgen des 27. Oktober 1979

„Damals, da, beim Geheimnisse des Weinstocks, sie
Zusammensaßen, in der Stunde des Gastmahls,
Und in der großen Seele, wohlauswählend, den Tod
Aussprach der Herr, und die letzte Liebe ... "
Friedrich Hölderlin, „Patmos" (spätere Fassung)

Durch Ihn vorausgegeben, den Bestimmer,
wird sich in uns der schicksalhafte Grund,
der Abgrund, neu begründen. Kein Gewimmer
ist rühmlich vor des Opferspruchs Befund.

Am Freitag hielten wir das Mahl, das nimmer
am Ende fehlt. Ein reiches Jahr ward rund,
der Herbst verging in heiterem Geflimmer,
und Lied und Wein vereinten sich im Mund.

Im frühen Nebel stieg er, der den Riß
des Unbehagens schärfer in sich trug,
ins Traubenhaus ... Im Aether lag er, bis

die Treueste sich ihm zur Seite schlug.
Wie unbeugbar das tragische Gebot
im Segen gilt, in Irre, Leid und Not!

XII. DER 4. DEZEMBER

„Vineam meam plantavi,
torcular solus calcavi..."
„Meinen Wengert habe ich gehegt,
die Kelter alleine bewegt..."
Philipp der Kanzler (nach Jesaja 63,3)

Im Segen gilt, in Irre, Leid und Not:
wenn lange wir dem <u>Innern</u> uns verweigern,
wird sich die äuß're Macht unendlich steigern,
und Bahn bricht sich's als Fluch im Abendrot.

Was einst den Bürgerbau zerstieß zu Schrot
mit Kräften unmeßbar von Ziffern, Zeigern, -
erstehen wird's im seichtern, üblern, feigern
Moloch, der mit demselben Finger droht.

Ein in den Seelen angelegter Frevel
hat nächtlich eine Ordnung abgeschlagen
und auch die Wunden zugedeckt mit Schwefel:

Der Energie, die als erhaltend galt,
doch wuchern hieß, den Glauben abzusagen, -
gestiftet ist <u>der</u> Lebensaufenthalt!

XIII. PATRONE

„Mein Werk ist nicht mein Werk,
mein Leben ist nicht mein Leben.“
                        Meister Eckhart

Gestiftet ist der Lebensaufenthalt
der Sterblichen am heimatlichen Orte,
wenn auch im Dunkeln liegt die Eingangspforte
und seiner heil'gen Hüter Tatgewalt.

Am Jüngsten Tag, wenn die Posaune schallt,
entsühnt Sankt Kilian die rohe Horde,
bereinigt Urban Wein und Kelch und Worte,
an Michael wird Makel abgezahlt.

Den Seelenträgern gönnt sein Angedenken
der Lesende verheißungsreicher Zeilen,
wenn sich dem Blick der inn're Weinberg bot.

Sie werden ihn mit frischer Art beschenken
und ihm verleihen gründlicheres Weilen
in Wirklichkeiten zwischen Wein und Brot.

XIV. VERWANDLUNG

„... quia corpora materiai
antiquis ex ordinibus permota nova re
conciliantur ita ut debent animalia gigni."

„... weil die stofflichen Ausbildungen,
vom neuen Geschehen aus der alten Ordnung geworfen,
sich so wieder vereinen, wie das Lebendige ursprünglich
zum Werden gelangen muß."

Lukrez

In Wirklichkeiten zwischen Wein und Brot
den eigenen Belang ins Aug' zu fassen,
dabei vom Abgelegenen zu lassen,
zu brechen, wo die Triebe sind verroht,

zu bändigen die Flammen unterm Schlot,
und, wenn die der Maschine müden Massen
die überkomm'nen Wertigkeiten hassen,
zu sammeln, eh' die Habe ist verloht, -

dies sei des Bürgers allererstes Trachten!
Doch sei das Streben nur so lang im Spiel,
bis es mit den versäumten und vollbrachten

Versuchen wieder an den Ursprung fiel,
bis Herzen, mit den Sinnen eins, erkannten:
Die Wahrheit ist von Anfang an vorhanden.

XV. <u>IN VINO VERITAS</u>

Die <u>Wahrheit</u> ist von Anfang an vorhanden
- wenn auch der Mensch dies selten so erfährt,
weil die Erscheinung ihn zuerst belehrt -,
die <u>Welt</u> indes ist wandelbar entstanden.

Ein Rätsel bleibt, wie Hände Reben fanden,
auf daß zu reinem Wein die Wahrheit werd';
wie sie, vom Brot der Mühsal lang beschwert,
zuguterletzt die Schwere überwanden.

Der Wein ist ewig wahr - wir sind's nicht immer.
Zuweilen teilen wir die Wahrgestalt,
durch ihn vorausgegeben, den Bestimmer.

Im Segen gilt, in Irre, Leid und Not:
Gestiftet ist der Lebensaufenthalt
in Wirklichkeiten zwischen Wein und Brot.

C. <u>DREI GESÄNGE</u>
in antikisierenden Metren

πολις ανδρα διδασκει.

„Die Stadt ist die Schule des Mannes.“
Simonides von Keos

„Die Linien der Humanität und Urbanität fallen nicht zusammen.“
Georg Christoph Lichtenberg

I. REICHSSTADT

alkäisch

„Ingens orbis in urbe fuit."
„Der ganze Weltkreis lag in dieser Stadt."
                                        Ovid

Die Taktschläg' eines Ursprungs beherrschten mich
vom frühesten Gewärt'gen des hellen Tags
am Grün der Trümmer. Aufgebrochen
ruhte die Häuslichkeit vieler Sippen:

Zuwider war's dem kindlichen Spiele nicht;
es sind Ruinen vor dem naiven Aug'
ein Ganzes ja. Geborsten war auch
nicht das Gemälde, jedoch der Rahmen.

Gerade dessen Auswechselung verstößt
den viel zu nah Betrachtenden: Er verliert
ins Fremde sich, vertraut dem Umweg
seine Beschlüsse und Hoffnungen an.

Die Eltern, grad noch reichsstädtisch schwerbeerbt
mit gutgemeinter Sachlichkeit, hatten hier
den Weltstand haltlos fortgegeben.
Nachher verwandelten sie, wie Kinder,

den Schuldenzoll und Schrecknisse letzter Art
in Zweckgebärden, welche schon wieder wert
des Todes sind. Man eilte, ohne
Umsehen, neben uns her im Werktag.

Sodaß gar uns're Fürbitte wenig Lieb
zum Rahmen, noch zu Ahnengemächern, zeigt:
Des Guten wurde viel getan, es
speiste die Tat dennoch keinen Brunnen.

Hinunter, tiefer noch denn ins Grab der Stadt,
muß einer fliehen, will er die Ursach' seh'n
und ins Erbe stechen. Solcher
opfert dafür das gewohnte Leben.

Der Herkunft treu, betasteten Träume hart
das Schwierige im heimischen Feld, dabei
entglitt die Gegenwart erneut um
zahllose Jahre. Die Skizze eines

verlor'nen Grundgedankens des Wohnens rollt'
sich aus: Allein die Reichsstadt ist uns gewährt,
darüber kaum etwas, doch niemals
weniger. Zeichneten wilder Hieb und

Gefäll' nicht auch den zügigen Weg dahin?
Seit Anbeginn begleitet die Stadt ein Wuchs,
ein Hiersein unter einer Form, die
west. Gleichgebaut ist das Gegenteil noch:

Das unbedingt Moderne! Ermächtigt ist's!
Vollendet eingenommen verharrt die Au,
der alten Stadt gelinde Weid' und
nährende Ebene, Sonnenspiegel

und Schoß, in widerspruchsloser Wüste jetzt.
Versagt ist Kriegen, niederzuwalzen Land
und Städt' in solchem Gefecht. Spielend
macht's das Moderne, der heut'ge Wille.

Es bleibe nur der Baumeister ungerügt!
Er hält sein Handwerk unsicher zwischen Fron
und Fehl: Der Zukunft fortgenommen,
aber dem Gestern noch viel zu wehrlos

im Gegenüber, arbeitet er sich müd'.
Der Reichsstadt bloß gebühren die Kunst und die Pflicht,
und erst in ihr zu leben wär' dann
menschlichen Taten angemessen...

Was ist denn jene unwiderruflich ab-
getane freie Urbanität? - Ein Wohl
sind Einheit, Ineinandergreifen
örtlicher Eigengestalten, laut're

Maxime, ständeschwer bewährter Brauch,
gewissentlich gebund'nes Gesetz und erst-
und letztlich eine Glaubensgeste.
Zeitlich erfüllt sich das Knospen selten.

Es zehrt der Bürger lange, bevor der Schatz
zur Ware wird, von dessen erprobter Füll':
Er nimmt und nimmt aus überreichen Truhen,
findet am End' die Behaglichkeit, und

er wirkt für sie ergebener. Dann ist's aus.
Der Reichsstadt Blüte wartet, abgeblüht,
auf eine Frucht. Den Bürger schaudert's -
er ist sie nicht. Da erscheint das Feuer...

Vorüber ist allerdings der Abend, doch
ein Morgen weit. Den untergegang'nen Bau
betrauert einzig recht vielleicht der
Wengerter, welcher des Preises inne.

Heilbronn! An diesem Abbilde haben wir
die deutsche Stadt: Im Innersten nicht gedieh'n,
versunken, dem kommenden Äon noch untreu,
aber verwandelndem Schmerz befohlen.

II. GARTENSTADT
asklepiadeisch

„Hunc locum tibi dedico consecroque, Priape..."
„Diesen Ort widme und weihe ich dir, Priapus..."
Catull

Einer unermeßlichen Liebe Grundriß
ist die Au: Mit bleibendem Recht belehnte
Flur und immerwährende Wohnstatt eines
regsamen Schlages.

Leicht ins gegenläufige Licht gestreut, vom
Wind bestrichen, lagert die Stadt gesellig
auf der Schale dieser gelinden Gegend
weithin ersichtlich.

Auf dem rebumzogenen vorgerückten
Berg, wo früher steigende Knöpfe Wind und
Wetter kündeten, mag mancher des Sinnes
eingedenk werden;

bricht dann über dem Nacken des Heuchelbergs am
Nachmittag das föhnige Strahlen vor - was
könnte je verläßlicher scheinen als ein
Zeichen des Segens?

Schier verdeckt, die Bahnen des Neckars: Andres
haben sie erregt und fortgetragen
denn maschinenhaftes Erzeugnis - Glück
war ihre Befrachtung.

Aber bleib' doch, Auge, wo immer deine
Stelle, in der Mitte der Au verweilen,
auf der Kirch'! Von ihr sind die Kräftezirkel
zeugender Künste

auf Natur und Vorstellung abgesprungen.
Droben ist der Sturm auch zuhaus, ein Kriegsknecht,
unerlöst zum Veitstanz bestellt, verhängend
grausige Tage.

Doch die gutgelungene Au erträgt es
unentwegt Jahrhunderte schon, in Sorge,
daß die Ernte, welche es sei auch immer,
eingebracht werde.

Reifte seinerzeit nicht die Jugend langsam
unterm Obst, von Vätern ins noch geordnet'
Los gelenkt? Das Wesen des Gartens - hier ist's
noch gegenwärtig.

Wäre es nicht hier, daß ein Mensch bedenke
Brunn' und Becher, Boden und altes Recht und
auch die Frage vielleicht, ob er bärge neuer
Welten Gewissen?

III. WEINSTADT
sapphisch

οικοθεν ματευε. ποτιφορον δε κοσμον ελαχες...

„Der Heimat gehe nach! Entsprechender Welten
Schatz findest du dort...‟

Pindar

Eben beginnt das Naß, mittäglich angewärmt,
sich vom Trollingerstock dampfend zu lösen; bald
wird das Nebelgewebe
fortgenommen - die Stadt erscheint

unterm blauen Gewölb': Freudig bewegt die Les‘
mit Geschwätz sich bergan. Oben ist schon die Frau,
reichlich allen ein Vesper
anzurichten, und kaum ein Mahl

kann erquickender sein. Sehnlich erwartet da
auch ein jeder den Ruf (traubensatt wurde nie
einer während des Schneidens),
Rast und Stärkung sich anzutun.

Da belangt mich die Schau ewiger Wesenheit;
Bacchus' Augen sind mein! Botrys: Gesammelten
Schicksals Frucht, mitgeteiltes
Völkeralter und Morgenrot,

unser nördliches Glück, herbstlichgereifter Schluß
einer tragischen Not, fernster Erneuerung
Werkzeug! <u>Hier</u> ist der Trauben
heimisch, griechischer denn dereinst

!
Heißt der bräutliche Kranz nicht (uns're unbedingt
sich're Sternengewähr): „Nördliche Krone"? Von
hier aus werden die Kluft und
Wunde jetziger Weltgestalt

unabwendbar geheilt. Aber es muß ein Mensch
klarer vorgedacht sein, Mittler zu heißen zur
Stund' der Kehre. Der Wein ist
früh erst noch in der Welt, bestimmt

ist jedoch das Geleit immerdar mit dem Gang:
Kommt die herbstliche Zeit, bindet der Winzer sich
jedesmal an den Anfang,
auszugleichen den tiefen Bruch.

Altes Wengertersvolk: Schon ist die Furche gar,
kaum noch Herlinge hält doch das Gewächs zurück,
reich an Gemüt und
an Geschlossenheit steht der Mensch.

<u>Einem</u> Gott ist der Wein untertan: Alles liegt
unverweslich in ihm - uns'rer Verwandlung Weis',
Ernst und Ziel. Es erschien die
Rebe hier, das sei uns genug!

D. <u>LIEDCHEN</u>

„Und als er nahe hinzukam, sah er die Stadt an
und weinte über sie und sprach: Wenn doch auch
du erkenntest zu dieser deiner Zeit, was zu dei-
nem Frieden dient! Aber nun ist's vor deinen
Augen verborgen."

Lukas 19,41f

„pax aluit vites..."
„Friede ließ die Reben gedeihen..."
Tibull

Wer den Krieg nicht mehr will erben,
gern ein Joch hätt' abgesühnt,
muß den Frieden sich erwerben,
und der kommt nicht unverdient.

Bloß durch Übel-Überlisten
kann das Gute nicht gedeih'n,
krieglos manche Jahre fristen,
heißt nicht: friedensmächtig sein.

Tapf're Taten gilt's zu häufen
auf den armen Seelenraum, -
mit den halben, falschen Käufen
wächst die inn're Fülle kaum.

Durch die Wahrheit, nicht durch Wähnen
wird die Welt nochmals gebor'n,
deshalb hat sich unser Sehnen
auf die Tat hin eingeschwor'n:

Daß der <u>Kriegsmann</u> einmal fiele
aus der Kirche selt'ner Kron'
und <u>Sankt Kilian</u> erziele
seinen angestammten Thron!

Laßt Sankt Kilian entbinden
Wahrheit aus dem neuen Wein,
dann wird sich auch Friede finden,
und der Geist wird freier sein!

Erst der <u>Friedensmann</u> wird geben
einen Friedens-Überbau:
drunter mögen leidlich leben
Rebe, Stadt, Au, Mann und Frau.

E. PROSATEIL

VOM WEIN UND WENGERTER
oder
DIE STADT ALS GEISTIGER ORT

ROBERT MAYER
DER GRÖSSTE SOHN DER STADT

„Jede der alten, berühmten Städte hatte ihr eigenes Melos; man konnte bei geschlossenen Augen hören, wo und zu welcher Stunde man dort zu Gaste war."

Ernst Jünger

„Geschichte ist immer wieder vergangen, gewöhnlich, abgeschmackt, ja sie wird zur Posse, wenn wir aus ihr nicht stets von Neuem das Seltene, das Persönliche, das Einzige retten... Es gilt,... jene zu retten, in denen wir uns selbst deutlicher als in anderen sehen."

Rudolf Kassner

„Aber kein Blick dringt hinab, und so bescheidet sich der Mensch, Geschichte zu nennen, was nur die Auswirkung verborgenen Geschehens ist."

Reinhold Schneider

„Vielleicht atmen wir hier die Heimatluft unserer neuen Menschheit."
Honoré de Balzac

„O fortunatos nimium, sua si bona norint, Vinitores!"

Vergil, Georgica

Das berühmte Wort aus dem Lied vom <u>Landbau</u>, das ich einmal zu den Grundbüchern meiner Welt zählte, zeigt sich immer noch ganz im Sinne Vergils, wenn ich mir die folgende Übersetzung herausnehme: „Eure Schicksalsgestalt, ihr Wengerter, wird in einen höheren Rang versetzt werden, wenn ihr das euch bestimmte Eigentum ergreift!" Was ist damit gemeint? Zunächst gibt dieses Sätzchen kein Problem her, auch keine Verheißung, scheint sich doch seine Aussage bloß mit dem Selbstverständlichen zu decken. In dieser Stadt ist jedem bekannt, was denn Hab und Gut (die <u>bona</u>) des Wengerters sind; und diesem selber braucht niemand zu erläutern, wie er damit umzugehen hat. Allüberall wird unser Auge der Weinberge ansichtig, von den Stiftsbergen bis zum Staufenberg. Daß die Bewirtschaftung des Bodens, die Pflege des Rebguts, der Weinausbau und -ausschank im „Besen" die eigensten Angelegenheiten des Wengerters ausmachen, das ist das ganze Jahr über zu bemerken. Vor nicht gar zu langer Zeit gehörten auch die ständische Erscheinung der Person und der Wohnverhältnisse, wie die ständische Armut zu den <u>bona</u> der Heilbronner <u>vinitores</u>.

Immer haben ja die Mitbürger handfesten Anteil genommen nicht nur an der Begutachtung der Erzeugnisse, sondern auch an den jahreszeitlichen Tätigkeiten der „Bauern in der Stadt", wie sich die Standesangehörigen einst selbst bezeichneten. Wir bleiben also, im vielleicht einmaligen Fall der <u>städtischen</u> Wein-Bauern Heilbronns, ohne weiteres bei der banalen Feststellung hängen, daß deren oberster Ruf und Beruf es sei, Wein herzustellen, wozu sie natürlich die ererbten Voraussetzungen: das geschichtegesättigte Land, das tradierte Gewerbe und nicht zuletzt ein Ethos gar nicht erst durch einen besonderen Akt oder eine außerordentliche Entscheidung in Besitz zu nehmen brauchen.

Was sie brauchen, das halten sie anscheinend von vornherein in den Händen; selbst die solideste Ausbildung vermittelt ihnen nur Bekanntes. Was uns andererseits die Überlieferung „über" den Wein anzuvertrauen hat, über seine kulturellen Eigenschaften und Wundertaten, seine charakteristischen Beglückungen und Verteufeltheiten, seine Natur- und Symbolkräfte, oder was in Dithyramben und weinseligen Zeilen seit der Antike vorliegt, - das geht doch den Wengerter, der an die tägliche Arbeit gebunden ist, nicht viel an! Er wird sich niemals mit der Frage aufhalten, wie denn die Wahrheit eigentlich in den Wein gelangt und ob eventuell er derjenige sein könnte – oder sein müßte -, der die Wahrheit in den Wein hineinzugeleiten bestellt ist. Und gerade hier sind wir schon bei dem Problem des zu ergreifenden, d.h. noch unergriffenen Eigentums!

Immerhin würde der Wengerter selber, auf die Gegenwart der Wahrheit im Wein hin befragt, vielleicht antworten, daß es ihm letztendlich darum ginge, nach Maßgabe der Natur und der geschriebenen und ungeschriebenen Gesetze des Handwerks Qualitätvolles in die Fässer zu befördern, d.h. reinen Wein einzuschenken. Wenn das kein Gut sei! Ob dies Glück oder Erhöhung schenke, möchte doch dahingestellt bleiben, zumindest mache eine gute Arbeit wie der Weinbau nicht ganz unglücklich. Vom Eigentum als von einem „standesgemäßen" zu reden, würde unser Wengerter vielleicht noch hinzufügen, erlaube die sozialpolitische Situation heute nicht mehr; und die dieses Thema heute noch als historischen Gegenstand hätscheln und tätscheln würden, seien gewiß nicht vom Stand und von seinen Sorgen vereinnahmt. Von einem schicksalsträchtigen, den Inhaber aufrichtenden Besitz könne in diesem Zusammenhang also auch nicht die Rede sein.

Wie aber ist es möglich, daß der Spruch des Vergil über die Zeiten hinweg immer noch das Denken beansprucht? Warum läßt er es aus sich selber heraus nicht zu, bloß als irgendwie passendes Zitat zu erscheinen? Wie, wenn er aus einer schicksalhaften Not heraus spräche! Wenn sein Ruf dem einzigartigen Beruf gälte: „Lernt euer Innerstes lesen, ihr Wengerter! Etwas, das am Ende mit der Wahrheit zu tun hat, sucht nach euch, damit ihr es dem Wein mitteilt! Die Zeiterscheinung und Arbeit, die menschlichen Zusammenhänge, die Neuerungen und Verkaufspraktiken, die Sorgen und Lustbarkeiten – all das ist Überbleibsel abgebrochener Geschichtswirkungen und hat nicht mehr die Kraft und Verläßlichkeit, den Schwung eines waltenden Geschicks. Im Wein ist keine Wahrheit mehr."

Unter Umständen besitzt der Wengerter das noch nicht, was nötig ist, um den Wein zu erneuern. In diesen Schicksalsstatus hinein spricht noch immer (oder schon wieder) das Wort Vergils. Es ist ein ganz einfacher Knoten, der die Jahrtausende miteinander verknüpft; und es ist nur ein winziger Abstand zwischen die <u>vinitores</u> und die Wengerter gelegt, bei allem Unterschied der Lebens- und Arbeitspraktiken. Die <u>bona</u> (das Wesenseigentum, der Daseins<u>ort)</u> sind immer noch dieselben. An diesem Ort könnte womöglich das, was Jahrtausende nicht verwirklichten, aufgegriffen werden, damit es verwirklicht werde. <u>Dem Wein muß Wahrheit zugefügt werden;</u> und ohne daß sich das dem Wein verantwortete Menschentum zur Wahrheit wendet, kommt keine hinein. Bis dahin wird das schöne aus der alten Welt überlieferte Wort <u>In vino veritas</u> kein Gefährt und der Wein kein Gefäß der Wahrheit mehr sein können.

Zum Erbe des Heilbronner Wengerters gehört zuoberst die Stadt. Dieser Bauer ist wesenhaft Städter. Was er je an sich selber verwirklicht hat, das hat er auch an der Stadt verwirklicht. Sein Eigentum hat zuoberst städtischen, nicht bäuerlichen Charakter, so auch sein Wein, seine Wahrheit. Die bona, die zu erfassen sind, sind einzigartig an das Schicksalsband der einstigen Reichsstadt geschmiedet und bekommen von hier aus gewissermaßen ihre universale Bedeutung. Mit historischer Tatsächlichkeit allerdings haben diese bona, hat dieses Band zunächst nichts gemein. Was hier als geschichtliches Vermächtnis auferlegt wird, kommt von innen her. Eben auch aus dem Stadtinnern. Etwas will in die Zeiterfahrung der Gegenwart übergehen, was noch nie darin gewesen ist. Der Ort ist das Wort, sagt Johannes Scheffler genannt Angelus Silesius. Doch nicht das Bücher- oder Bildschirmstudium wird je das Wort schenken, sondern allein der Schicksalsanspruch. Kein Medium wird je ein Schicksalsamt, ein Los mitteilen können: Wer es nicht innehat, kann es nicht haben, daher auch nicht kennenlernen. Nur wer den (inneren) Ort hat, hat auch das Wort.

Wer aber etwas vom Wein und Wengerter ins Wort des Gedichts heben will, ohne daß er dem Stand entstammt, der bedarf allerdings der langen und strengen Lehrjahre. Denn weder der Geist noch das Wirkliche dürfen in der Luft hängen oder über den Wassern schweben bleiben, was ja oft genug eine gewisse Sorte von Wein-Gebrauchslyrik und modernistischer Anakreontik auszeichnet. Solches Gewächs ist nicht nur wahrheits-, es ist auch blutleer. Wer aber den Sinn sucht, weil er ihn schon besitzt, der mag den Gang durch Stadt und Natur und Gegenständlichkeit mit dem Wengerter antreten. Wer, als Wortsucher, schließlich das Wort hat, der darf einmal wirklich am Ort weilen, wenn er auch nicht dessen Schicksalsbedingungen und Daseinsweisen angehören kann. Ohne Lehrjahre jedenfalls kommt keine Aneignung des Welt- und Werkkreises des Wengerters, keine echte Schau von Stadt und Natur und Charakter, keine Annäherung an den Ort und das Wort, keine Erkenntnis von Zustand und Zukunft der Wahrheit zustande.

Dem Erkennenden, der seine Lehrjahre abgeleistet hat, mag aufgehen, daß der Wengerter wohl seiner äußeren Bestimmung nachfolgt, daß er aber seinem Wesensgeschick noch keineswegs zugestimmt hat. Bisher hat er nur dem Werdegang durch Stadt und Gepflogenheit und Natur gedient, wobei ihm auch das Furchtbare nicht vorenthalten wurde, doch seiner inneren Gestalt ist er noch kaum begegnet. In dieser Begegnung erst wird er auch der Wahrheit des Weins gewahr werden; und die Geschichte dieser Wahrheit wird mit seiner Geschichte und Wahrheit zusammenfallen, das heißt: es wird ihm wieder gewährt sein, dem Wein das Fehlende zurückzuerstatten. Er wird dann auch von jenem „gesunden Menschenverstand" ledig gesprochen, der ihn seit je wie eine schleichende Krankheit verfolgt hat und seinen Wein hat trüb werden lassen.

Die Wahrheit des Weins ist nicht vom Menschentum des Wengerters abzusondern. Das gewaltige Wort In vino veritas muß also den, der dem Wein zugeeignet ist, einmal zum Aufbruch drängen. Dieses Wort ist für immer größer als der Wengerter, weshalb der gar nicht davon lassen kann, ohne mitsamt seinem Werk, dem Wein, dünn und dürftig zu werden. Er muß dem Wort entsprechen, wenn er dies auch immer nur in einer fragmentarischen endlichen Gestalt vermag. Immerhin hat er sich in einer Gestalt zu vollbringen, die ans Gewesene gemahnt. Die Wahrheit will erinnert werden. Und das Eigentum, das Vergil meint, muß ans Tageslicht kommen, was allerdings eine Sache langer Zeiträume und günstiger Umstände ist. Die edleren Formen erstehen nicht über Nacht. Es muß aber jener Wein erstehen, den es noch nicht gibt; das ist der, in dem die Wahrheit wieder wohnen kann. Daß solcher Wein nicht das Geringste mit dem zu tun hat, was ihm das Genießertum, die bloße Konsumption oder das Geschäftemachen unterstellen, ist freilich unzweifelhaft.

Einem, der die Stadt seiner Kindheit und Jugend aus innerer Not verlassen hatte, doch aus innerer Notwendigkeit wieder zurückkehren mußte, wurde der Ort dermaßen ans Herz gelegt, daß er, der nicht in den Wengerterstand hineingehörte, sich frei und gewissenhaft in die Lehrjahre bei den Bauern in der Stadt hineinbegeben konnte, um sich den Fluren und Wohnwinkeln und Tätigkeiten des Standes unter Arbeit zutragen zu lassen, und zwar nie ohne die behutsame, maßvolle Sympathie des Wengerters. Es war aber nie ein Kennenlernen aus Neugierde, aus historischem oder sentimentalem Interesse im Spiel, sondern die Lehrjahre, die ihn völlig von der Möglichkeit der Herrenjahre entfernten, hatten eine tiefe erzieherische Bedeutung für ihn. Er nahm einen uralten Besitz in Empfang, um sich diesen unabhängig und schöpferisch einzuverleiben. Er lebte aus den Begegnungen und Dingen, nahm eine Wirklichkeit an, wurde mit Haut und Haaren ihr allernächster Angehöriger, - bis er zuinnerst spürte, wie ihm dies zuvor oft zugestoßen war, daß er sich mit dieser Wirklichkeit letztlich nicht vereinigen konnte. Die Lehrjahre waren erfüllt, und er nahm seinen Abschied., der dann kein leichtfertiger wurde, sondern einer von tiefer Traurigkeit, wie ihn nur der Liebende und Dankbare erfährt. In solchem Schmerz wird die erworbene Teilhabe an der Wirklichkeit verwandelt in eine geistige oder symbolische. Der Lernende, der mit einem Mal ausgelernt hatte, wurde wieder getrennt von der Welt des Bauern in der Stadt, um sich wieder seiner eigensten Weltwirklichkeit, das heißt dem geistigen, symbolischen Besitz zuzuwenden. Hier reifte nun die Möglichkeit des Gedichts heran, wenn auch die Spanne von der Saat zur Ernte eine sehr gedehnte und umständliche war. Viel Ungünstiges fuhr dazwischen, viel anderweitig Einnehmendes drängte sich vor und wollte bearbeitet oder abgefertigt zu werden. Manchmal versteckt, manchmal offenkundig entwickelten sich jedoch die vorläufigen rohen oder rechten, dann die zu veredelnden Formen des unaufhaltsam drängenden Gegenstands heran, bis eine ungefähr gültige Gestalt ausgeboren war.

Die verlangt aber noch einmal nach Umbruch und Läuterung. Wieviel glücklicher Zufälle bedarf es zur Vollbringung auch nur eines Opusculum! Geht es uns aber ums Ausschließliche – etwa um die Wahrheit, die im Wein wieder gedeihen soll, - dann wirken allerlei magische Mächte mit am Zustandekommen. So wurde dem der Lehrjahre Entwachsenen die dichterische Abhandlung <u>Aus dem Stadtinnern</u> in die Hände gespielt.

Ein Faktum wurde von Anfang an unerschütterlich gewußt: daß es ohne die strenge, gediegene Formgebung kein Weiterkommen geben konnte. Eine bloß prosaische Auswertung des ausgegrabenen Schatzes kam nicht in Frage, insofern das Wertvollste darin nicht hängenbleibt, das ist: das Wahre. Die Form ist nichts Beliebiges, sondern sie steigt mit dem, ja <u>vor</u> dem Gehalt oder dem zu-Sagenden auf. Genauer: Die Quellen des dichterischen Wortes brechen nur auf, wenn das Gefäß bereitsteht, welches die Gabe aufnehmen soll. Auf dem dichterischen Bewußtsein ergeben sich die Inhalte erst <u>durch</u> die Form. Auf irgendeine Form oder Formlosigkeit aufgezogene gedankliche Inhalte - beispielsweise solche mit programmatischem Charakter - haben mit der dichterischen Wahrheit wenig zu tun. Dies mag „Poetry" genannt werden. Es ging aber in dem Fall, der an dieser Stelle beschrieben werden soll, entschieden um eine dichterische Wahrheit, denn die Wahrheit, die im Wein wiedererstehen soll, kann nur in einer dichterischen Wahrheit ihr Analogon haben.

Nun war der Lehrling des Heilbronner Weinbaus über die Jahre hinweg eben auch ein Lehrling der Dichtung und hatte sich insbesondere dem Sonett zugewandt, einer lange schon abgegriffenen, also bedenklich gewordenen, aber durch ihr Alter und ihre Magie auch verbürgten Form. Über Gebühr und Vermögen beansprucht, hat das Sonett seit seiner Schöpfung im späteren Mittelalter erhabene Gipfel und weite dürre Ebenen hinterlassen. Es konnte zum einen Gefäß für geschliffenen dialektischen Tiefsinn wie für Tändeleien, Weihrauch und leeres Gerassel sein, dann aber, infolge der Abgesungenheit, lieferte es auch eine riesige Angriffsfläche für Spott und Niedertretungen. Invektive allerdings kann dem Sonett nicht schaden, da es als Form ein Mysterium, also vom Gift gar nicht erreichbar ist. Es ist wohl die erhabenste der überlieferten strengen Gedichtformen, die dann in den Mißbrauch geriet, also zurecht der Schärfe der Kritik erlag, als sie zur Schablone oder zum Experimentierfeld für Inhalte jeglicher Art geworden war. Wenn einmal die Form des Sonetts, gegenüber den gedanklichen Inhalten zur Zweitrangigkeit verurteilt ist, dann erst geschehen Auslaugung und Trockenheit und Unerträglichkeit. Das Sonett muß nämlich, mehr als andere Dichtungsformen, über die Inhalte gebieten. Was Wort werden soll, muß von ihm geformt werden oder es klingt nicht. Was nicht der Prosodie untersteht, so schien es mir, kann nicht zur echten dichterischen Aussage werden. Die Form schafft und bestimmt den Gehalt. Als Mittel zum Zweck wird ihre primäre Schöpferkraft zerrieben.

Was nun Wahrheit, Wein und Wengerter anbelangt, so ging es mir in der Verarbeitung meiner Lehrjahre nur um eine dichterische Aussage. Viele Spuren hatte ich in solchem Ansinnen verfolgt, hatte Zeitpunkte und -räume aufgesucht, versteckte Kammern abgeklopft, Ansichten am eigenen Leib geprüft, Resultate verglichen, bis ich mir endlich darüber im klaren war, daß diese Form für mich die entscheidende war: Noch immer ist das Sonett der Wahrheit und der Sinngestaltung fähig. Das Universum hat Platz darin, wie es der Graf Keyserling formulierte. Zumindest ließ sich der Wahrheitsgehalt des Weins durch das Sonett prüfen. Zur Wahrheitsfindung hatte ich jetzt unumgänglich Silben, Verse, Reime und Strophen zu disziplinieren. Auch der Reim etwa ist, des bin ich überzeugt, wenn nicht ganz unverbraucht, so doch in seiner zeugenden Kraft unerschöpft und vielleicht unerschöpflich. Es könnte sein, daß seine eigentliche Weltwirkung noch gar nicht angebrochen ist.

Ich brauchte also die Festlegung, damit das Gedicht in mir bewirkt wurde. Und das Sonett stellte sich als weisendes Gestirn über mich, damit ich nach dem Aufnehmen der <u>res</u> und der Realitäten erkennen konnte, was diese bedingt, nämlich etwas Unbedingtes. Zwingend war mir plötzlich auch, daß zur Bergung des unbedingten „Innenlebens" der Sache das Sonett als solches bzw. eine Kette von Sonetten nicht ausreichte. Es mußte ein <u>Sonettenkranz</u> sein, mit dem die verschiedenen Ansichten zum Wein bzw. zur Stadt zusammengebunden werden sollten. Der Sonettenkranz als <u>Überform des Sonetts</u> war mir in der Begegnung mit einem nahen Namens- und Seinsverwandten in den Schoß gefallen: nämlich mit dem Wiener Dichter Josef Weinheber, der in seinem dichterischen Leben drei oder vier solcher Sonettenkränze hervorgebracht hatte, was angesichts der Schwierigkeiten eine außergewöhnliche Leistung genannt werden muß. Denn der Sonettenkranz stellt eine enorme, ja unvergleichliche Formauflage dar. Durch eine solche kann, wie ich annahm und weiterhin annehme, der wesentliche (oder wahre) Gehalt der Sache ins Gedicht gehoben werden. Alles, was an traditionellem Dichtervermögen zur Verfügung steht, wird abverlangt, damit sich das Wort gültig, wenn nicht letztgültig in die Form schicke, sich mit ihr vermähle beziehungsweise aus ihr hervorgehe.

Versuchen wir eine Beschreibung dieser „Überform". Ausgehend von den vierzehn Verszeilen (Elfsilblern, italienisch Endecasillabi; bei männlichem (betontem) Endreim sind es zehn Silben) des in zwei Vierzeiler mit gewöhnlich zwei Reimen und zwei Dreizeiler mit bis zu drei Reimen eingeteilten Sonetts, sind vierzehn Gedichte zu schaffen, die durch ihre ersten und letzten Zeilen miteinander verbunden sind. Die letzte Zeile des vierzehnten ist mit der ersten des ersten Sonetts kongruent, wobei die ersten bzw. letzten Zeilen, die die Bindeglieder des „Kranzes" ausmachen, ein fünfzehntes Sonett ergeben müssen, das sog „Meistersonett", das zweckmäßigerweise zuerst gefertigt wird. So erscheinen zwischen den vierzehn Versen des Meistersonetts, unlösbar miteinander verbunden, die Sonette des Kranzes. Das Meistersonett gibt den Grundgedanken bzw. den vollen Betrag des Gebindes wieder. Wird die ganze Strenge dieser Großform beibehalten, dann ist damit der Bedarf an brauchbaren, also <u>nicht</u> ungewöhnlichen Reimen gesetzt. Wer Lust hat, der zähle, wieviel Wörter mit dem gleichen Endreim im äußersten Fall gebraucht werden! Wer sich versenkt, dem werden sich die Schwierigkeiten nach und nach auftun. Wir haben es also nicht bloß mit einem thematisch bedingten Zyklus zu tun, sondern eben auch mit einem schwierigen Formvorsatz, dessen Zwänge den Reimer oft genug an den Rand seines Vermögens bringen, will er sich nicht mit merklichen Bruchstellen, Halbheiten, Leerläufen und erzwungenen Wendungen zufriedengeben. Über Nacht jedenfalls entsteht ein Sonettenkranz nicht. Wird aber die Arbeit, die zuguterletzt ein mühseliges „Feilen" abverlangt, durchgehalten, dann ist das, worum es geht, unerschütterlich in Form und Inhalt. Dann enthält die Form das Wesentliche, in unserem Fall einen echten dichterischen Gehalt, was die Sentenz In vino veritas und ihre Konsequenzen betrifft. Der Sonettenkranz ist denn auch das Kernstück des Büchleins zur inneren Geschichte des Bauern der alten Reichsstadt und neuen Großstadt.

Es schließen sich drei Hymnen an, die das Geschick der Stadt noch einmal heraufbeschwören. Die den antiken Odenformen nachgebildeten deutschen Verse sind ebenfalls nicht unproblematisch, noch waren sie es je in irgendeiner „Klassik", doch sind sie wiederum angemessen, nämlich unverzichtbar als Organ der Hervorbringung des verborgenen urbanen Schatzes. Die benutzten Formen heißen seit altersher alkäisch, asklepiadeisch, sapphisch. Auf die Beschreibung ihres Quantitierens, ihres Silbengefüges sei hier verzichtet. Dergleichen verspäteter Klassizismus wird vielleicht nur durch den Versuch der Beschreibung des klassischen reichsstädtischen Gebäudes gerechtfertigt. Die vereinzelt stehenden Gedichte zu Beginn der Sammlung führen ein in die Stadtgeschichte und in das Los des Schatzgräbers, die leichtfertigen Behauptungen des „Liedchens" sollen wieder herausführen. Endlich möchten die sparsamen Terzinen der „Schlußbesinnung" dem Wein gar einen Tropfen der kritischen Wahrheit Immanuel Kants mitgeben, die dem homo sapiens noch nicht ins Blut übergegangen ist.

Nachdem die Gedichte Aus dem Stadtinnern diesen Blättern vorangestellt wurden und zunächst ganz für sich stehen sollen, folgt nun eine Reihe kleiner Abhandlungen, die sich weiterhin in die Überlieferungen, die Wirklichkeiten und Unwirklichkeiten des Stadtinnern versenken und auch ein wenig erläuternd in die Gedichte des ersten Teils eingreifen. Überwiegend stecken diese Miniaturen im Rahmen des idealistischen Denkens und sind wohl noch von jenem Hochmut beflügelt, der die Natur als schier ausnahmslos der Vernünftigkeit dienstbar begreifen durfte.

Die handgeschriebene Ausfertigung dieser Abhandlungen wurde am Gründonnerstag 1994 abgeschlossen und am Gründonnerstag 2014 wieder zur Bearbeitung aufgenommen.

Meine Frau Dorothee nahm geduldig und förderlich an der langen Reise ins Innere teil. Selbst die Gewißheit, daß ein Ziel nicht zu erlangen war, brachte ihr Vertrauen in den Ernst des Weitergehens nicht ins Wanken.

Mein aufrichtiger Dank gilt Thomas Heim-Rueff für beharrlichen Ansporn, für Rat und Tat.

Die Vergangenheit ist die Aufbewahrung der Gegenwart,
als Wirklichkeit, aber die Zukunft ist der Gegensatz hiervon,
vielmehr das Gestaltlose... es kann also überhaupt in der
Zukunft keine Gestalt angeschaut werden.

G.W.F. Hegel

Leben, an sich formlos, kann nur als geformtes zum Phänomen wer-
den.

Georg Simmel

Seltsam ist des Propheten Lied;
Doppelt seltsam, was geschieht.

J.W. Goethe

Bei der Beschreibung der Wirklichkeiten, die ich mir vorgenommen habe, soll versucht werden, auf das zurückzugreifen, was gewissermaßen vor dem Wirklichen kommt und von diesem nie herauszuanalysieren ist – nämlich auf das Unbeschreibliche, Gestaltlose, Unvordenkliche, zu dem sich doch immer die Gedanken hinbegeben wollen, damit vielleicht Gestaltung oder Formung werde und jenes „doppelt Seltsame" geschehe, das alle Prophetie, alle Gedankenbildung übertrifft. Man darf auch sagen: Wenn Phänomen und Begriff einander zu viel oder zu wenig korrespondieren, dann ist eine neue gedankliche Hervorbringung nötig geworden. Das „prophetische Lied" kommt in jedem Fall zwiespältig zur seltsamen Wirklichkeit, die geschehen will. So sind mir Reichsstadt und Wengerter gänzlich unerwartet sowohl zum Gesang, als auch zur doppelt und dreifach seltsamen und bemerkenswerten Angelegenheit gediehen.Wohlgemerkt: Ich habe diese Angelegenheit nicht herbeigeholt, nicht mich ihr aufgedrängt, sondern sie hat mich zu sich eingeladen. Eben deshalb sind schon mein Lied und meine Anschauungen von der Seltsamkeit geprägt. Dabei kommt es allerdings darauf an, daß der frei empfangene Gedanke, so absonderlich er sei, schon als Ausdruck einer bestimmten Geschichte eingesehen werde. Denn Geschichte geschieht zuerst in unserem Innern. Auch der Wengerter, von dem inniglichst die Rede ist, trägt sein Eigentum in sich: Er ist gesetzt, gebunden, umgrenzt. Indem er nur da ist und sich in seinen althergebrachten Bahnen bewegt, ist er in seiner Existenz begründet, mag er seinen anfänglichen Sinn noch keineswegs erfaßt haben und seine Wahrheit noch weitgehend unbewahrheitet geblieben sein. Doch sei dem Wengerter keine weltgeschichtliche Sendung eingeredet, nur sei ihm zugerufen, daß er möglicherweise als Mensch, nach Nietzsches schönem Bild, „einen Stern zu gebären hat." Er hat die Wahrheit wieder in den Wein zu versenken.

Die Besonderheit des Wengerters ist die, daß er, als Bauer in der Stadt, eigentlich kein Bauer ist. Er hat nichts Bäuerliches, selbst seine Unsitten sind nicht bäurischer Abstammung. Die Reichsstadt hat ihm anderes mitgegeben; sie hat ihn zur bäuerlichen Arbeit eigentlich unfähiger gemacht und ihn einem Leben voll innerer Spannungen verantwortet, denen er sich auch durch seine Arbeit nicht entziehen kann. Vielleicht trug der arme und oft genug ärmliche Weinbauer sogar das noch in sich, was die Reichsstadt nicht aus sich verbannt hatte, nämlich jenes angeborene Adlige, das älter und schlichter noch ist als der sog. „Seelenadel". Bis auf den heutigen Tag ist hier vom Wengerter ein Gegensatz auszuhalten, eine innere Unglücklichkeit mitzuschleppen, einem Druck zu begegnen; und sein Geschick, das dem Bewußtsein eine Betrachtung der Ursprünge unerbittlich verweigert, zielt nicht auf Erlösung hin, sondern auf <u>Austrag</u>.

Dem Wengerter ist mehr zugemutet, als es dem urbanen Menschen oder auch dem rustikalen Bauern je könnte zugemutet werden. Er ist mehr als ein Bauer, aber auch kein wurzelechter Städter. Er ist übrigens auch kein „Gog", der die gutbürgerliche Gescheitheit um sich herum zu ertragen und in sich auszugleichen hat. Auch eine „Zwischenlösung" ist er nicht, sondern etwas ganz Eigenständiges, ein bodenständiger Stand, der sonstwo nicht aufgetreten ist. Alles, was er ist, Städter, Bürger, Bauer, Selbständiger, von Wind und Wetter Abhängiger, das ist er zugleich nicht, kein Wunder , daß er oftmals von den auf ihm liegenden Lasten fast gebeugt wurde. Auch der inzwischen eingekehrte Wohlstand vermag es nicht, das uralte Seinsgeschick des reichsstädtischen Wengerterstandes aufzuheben. Dieses Geschick verbürgt die während, möglicherweise noch ursprüngliche echte bürgerliche Herzensbindung ans Städtische, die allerdings auch wieder zweischneidig und anachronistisch ist und nur um den Preis irgendwelcher Gemütstrübungen durchgehalten werden kann.

Übrigens ist das sog. „Aussiedeln" tatsächlich ein Rückschritt in bäuerlichere Zusammenhänge, ein eher unverantwortliches Verhalten, denn es nimmt den Wengerter heraus aus der Enge des städtischen Wohnens. Begrenzung und Nachbarschaftlichkeit sind aber höher zu veranschlagen als die Erleichterungen und Verbesserungen der „Lebensqualität". Letzteres Wort ist mir eigentlich unangenehm, denn die Qualität des Lebens hängt keineswegs ab von der „Lebensqualität", vielmehr sinkt jene, wenn diese ansteigt.

Keltenarchäologie, -mythologie und –folkloristik sind recht populär geworden, dabei fördern sie nichts wirklich Lebendiges und auch keine unverzichtbar zu bewahrende Kulturbewegung zutage. Was nicht von einem Menschentum lebendig erhalten wird, insofern es ein Stück von diesem ist, das kann auch nicht wirklich weitergereicht werden, selbst wenn sich ein intellektuelles Interesse im Übermaß regt. Über die erlernte Historie kann der Mensch nicht in die lebendige Geschichte einschwingen; der Intellekt hält das Leben nicht in Ordnung und Gepräge. Umgekehrt gelangt ein echter Kulturausdruck niemals unmittelbar in die Deutung, geschweige denn in die Diskussion. Ich gebe zu bedenken, daß der Wengerter, der gewiß kein musealer Gegenstand ist, noch etwas vom Vermächtnis des Keltentums an Leib und Seele aufgespart haben könnte. Eine sprachlos überlieferte Sittlichkeit, die natürlicherweise mit den Unsitten Hand in Hand geht, eine Körper- und Seelenhaltung, ein unverständlicher Geschmack, ein Gesichtszuschnitt, den der Heilbronner Bildhauer Läpple vielleicht am kennzeichnendsten getroffen hat, mögen dafür sprechen. Wer ahnt, was von dem damals und immer noch vor den Toren der Stadt gelegenen „Altböckingen" ausging, welches doch wohl eine keltische und frühe Ansiedlung der Wengerter war? Wer da zu entdecken vermag, der könnte einem noch unentdeckten Leben begegnen! Der Wengerter, als Erbe, könnte die Notwendigkeit der keltischen Kultur insgesamt einsehbarer und deutbarer werden lassen. Hier hat aber die gegenständliche akademische und museale Beschäftigung nichts verloren! Dem Keltischen ist ja nicht durch Forschung, sondern durch Phantasie und Schöpferkraft auf die Schliche zu kommen.

Das keltische Menschentum birgt einerseits einen hohen Kulturstand, der sich indes nicht mehr in seinen Anfangsgründen begreifen läßt, alsdann weist es ein seltsam ungebrochenes Barbarentum auf. Tiefste Vergeistigung, die vielleicht das entschiedenste Aufnahmegefäß für das einströmende Christentum war, ging neben und mit der schollenschweren Erdverhaftung einher. Von hier aus, so schlage ich vor, muß der Ursprung des Wengerters beleuchtet werden, von hier aus müßte sich der Wengerter vielleicht selber lesen lernen. Als heutiger Kelte ist er weder christlich, noch ist er unchristlich: Er hat das europäische Erbe zwar verleiblicht, aber als geistige Tatsache noch nicht ganz vereinnahmt. Zwei Jahrtausende einer eigentümlichen Kulturarbeit haben ihn eigentümlich kultiviert zurückgelassen.

Eine Darstellung seiner Innenwelt im gewaltigsten Antagonismus zur Christlichkeit ist an den Turm der Kilianskirche gelangt: Der fränkisch-reichsstädtischen Bürgerlichkeit mag dieses Sammelsurium von lechzenden Dämonen, Zauberkünsten, Alpträumen, beunruhigter Natur, beängstigter Geschlechtlichkeit und bedrohlicher Seelenlast schon nicht mehr ganz entsprochen haben, während die keltisch gebundene Seele den Beruhigungen der Hiesigkeit noch eine ganze Weile mit Mißtrauen begegnet sein muß.

Andererseits wohnte der Wengerter nicht nur unter Gespenstern, sondern auch im Kreis der bescheidenen Anmut und Nüchternheit der Nikolaikirche, deren Charakter kaum reichsstädtisch zu nennen ist. Diese Kirche gibt vielleicht weniger der Innerlichkeit und ihren erregenden Bildern Raum, als vielmehr der stillen Diesseitsfrömmigkeit, die doch zur schweren, nüchternen, bäuerlichen Arbeit an den Rebhängen gehört.

Eine merkwürdig unbürgerliche Erscheinung muß er ja gewesen sein, der Bauer in der Stadt, wie er in seiner einfachen, aber dann doch nicht ländlichen Gewandung und dem Korbgeflecht auf dem Rücken durch die Stadt schlich, den regulären Verrichtungen im Wengert entgegen. Ein wenig vergrämt, verdrückt dürfen wir ihn uns schon vorstellen. Seine Gesichtszüge sind noch wenig vom Städtischen geprägt, nicht von Weltoffenheit, nicht von Sinnenfreudigkeit, gewiß nicht von Wohlstand und Behäbigkeit. Als Person hat er erkennbar ständischen, aber weniger städtischen Charakter. Er hat seine Überlieferung, sein Tagwerk, seine Sitte und Sittlichkeit, seine Eigenwilligkeit, seine Armut, gegen die er nicht aufbegehrt, weil er das von Haus aus nicht kann. Er ist merklich anders, ich sage cum grano salis: „keltisch", aber er gehört unveräußerlich ins Stadtbild. „Keltisch" – das ist mir heute noch ein unmißverständlicher innerer Zustand und ein äußeres Kainsmal. Wenn ich mehrere oder gar viele Wengerter zusammen sehe, dann sehe ich ein Gesicht (es ist das von Dieter Läpple in vielen Bronzen auf eine abstrakte Kargheit reduzierte), das auch der nun endlich geschehene Wohlstand unverändert gelassen hat . Dieses Gesicht – ein Antlitz - kann das Keltische nicht verleugnen: Vielleicht will es einmal im Wein seine Verwirklichung antreten. Es könnte etwas mit der ankommenden Wahrheit zu tun haben...

Die Tischsitten des Wengerters sind bemerkenswert rein. Wer zu Gast ist, darf sich an gekonnter Bewirtung und an einem Essen von überkommener Heimatlichkeit erfreuen. Auch in diesen Jahren der Überfülle entgleitet zu Tische nichts ins Überspannte, aber auch nichts ins Sparsame, Spärliche, „Entenklemmige". Gerade dem Wengerter, der doch so hart im Gerüst seiner Abstammung gehalten wird, ist die Erziehung durch den Reichtum zu gönnen, doch am Tisch bedarf er dieser Erziehung nicht, denn hier ist er traditionell besitzend und großzügig. Ihn hat das Geld nicht hinterrücks überfallen. Fehlen der Wahrheit bedeutet in seinem Falle keineswegs den Triumph der Unwahrheit.

Was sich in den vier Wänden offenbart, ist dies: Insofern der Wengerter stets (und weitaus mehr als das stark urbanisierte Menschentum) der Familie bedürftig war, gerät diese in seinem Fall immer noch unbehelligter, haltbarer als das späte bürgerliche Gegenstück. Bei aller oft erdrückenden Seelenschwere weht einem in der Wengertersfamilie im allgemeinen noch frische Luft entgegen. Das verdankt sich vielleicht auch der Tatsache, daß gewisse im 19. Jahrhundert aufgebrochene Fragestellungen psychologischer und intellektueller Art im Wengertermilieu keinen Einlaß gefunden haben. Das unaufhaltsame Eindringen der Öffentlichkeit in den häuslichen Kreis hat dem Wengerter vielleicht weniger zugesetzt als dem Städter. Auch das Politisieren, von ihm argloser aufgefaßt, ließ ihn weniger gespalten zurück. Was den Wengerter am Ende dazu befähigen wird, sich auf diejenige Gesellschaftsordnung einzulassen, die es noch gar nicht gibt! Es könnte sein, daß es gerade die Semibäuerlichkeit ist, die auf eine höhere Bürgerlichkeit zuzugehen imstande ist.

Das Profitieren, gleich welches, gehört gewiß zum Unwürdigsten, was der abendländischen Humanitas hat zustoßen können. Daß irgendwo ein gespenstischer Preis dafür bezahlt werden muß, wird nicht bemerkt, da sich hier dem Bewußtsein kein begreiflicher Nexus offenbart. Doch profitiert auch niemand ohne unmittelbaren persönlichen Nachteil: Das Profitieren ist eine Einbuße. Wo profitiert wird, kommt das Beste abhanden bzw. gar nicht zustande, und das Gute wird unbegreiflich. Nur ein Gären wird alles umstoßen.

Eine übermächtige, zur Selbstverständlichkeit gewordene Realität in Frage zu stellen, erscheint von vornherein unstatthaft. Der kritische Versuch hat nichts für sich und ändert ohnedies nichts. Flutwellen und Entwicklungen lassen sich nicht umkehren. Umsturzversuche, Maschinenstürmerei, Reformen sind hier nicht einmal erwägenswert. Nichtsdestoweniger wurde von mir ungewollt ein Aussichtspunkt erklommen, von dem aus der Realität eine verwunderliche Perspektive abgewonnen werden kann. Keine Realität, die nicht auf wackligen Füßen steht! Keine Entwicklung, die sich nicht selber erledigen würde! Geschwind blicke ich auf die verwunderliche Sache der Maschine herab, die längst einem Zeitalter den Leitbegriff gab; und zwar blicke ich mit meiner ganzen σκεψις, Nachdenklichkeit herab. Heute läßt die unermeßliche Vorhandenheit der Maschine keinen Zweifel an ihrem Recht dazusein, an ihrer Numinosität zu, wenn sich mir jetzt auch andere Ansichten als die geläufigen, scheinbar unumstößlichen eröffnen. Den Bedenken sei hier einmal freien Lauf gelassen!

Seit seinen Anfängen stützt sich das Maschinenzeitalter auf das unfehlbare Dogma, daß die Maschine die menschliche Arbeit erleichtere und verkürze, daß also die Mechanisierung die sicherste Methode zur Untertanmachung der Erde, d.h. zur Befreiung des Menschengeschlechtes von der primordialen Verknechtung an die Natur sei. Das ist gewiß nicht der Fall, wenn auch der höhere Standpunkt, von dem aus die Entwicklungen überschaubarer und deren Beurteilung möglicher werden, im allgemeinen noch unerlangbar ist. Noch ist die Maschine (der Apparat, das System) als Errungenschaft im weitesten Sinne unangefochten, doch wird hin und wieder der Verdacht bekräftigt, daß durch sie nicht nur die menschliche Arbeit, sondern auch das menschliche Existieren überhaupt schwerer geworden ist und immer schwerer wird. Die Maschine nährt nicht, sondern zehrt aus. Das Aufrichten wird für den Menschen immer mühseliger, die vielfältig bereitstehenden Stütz- und Hilfsprogramme werden gleichzeitig immer unwirksamer. So werden Arbeitstag und Arbeitsteilung, die ein ganz hohes Gut sind, wenn sie die menschlichen Hände betreffen, zum Mittel der Entwürdigung, wenn sie von der Maschine bestimmt werden. Die Hand, die einst die Pyramiden, die Große Mauer, die Kathedralen errichtete, ist schwächer, verhärmter, ungeschickter, geschichtsloser geworden, gerade weil es der Mensch vermag, den Erdball umzuwühlen. Heute ist die Erde nichts weniger als untertan. Unter der Hand verödet der Alltag, das persönliche Leben wird untergraben, die Seele trübt sich ein, eine merkwürdige Müdigkeit und Mühseligkeit belegt die Unternehmungen und spricht der gelobten Bequemlichkeit und Lebensqualität Hohn. Zu vieler Aufrüstungen bzw. Betäubungen bedarf es, damit das Leben noch halbwegs lebenswert erscheine. Immer weiter verliert das gewaltige Gut der Arbeit durch die Maschine seinen menschengründenden Wert: Der Mensch wird, was er zuvor nicht war, nämlich ein Produkt unterirdischer Bedrückungen, des Zufalls, der Abstumpfung und Entwurzelung. Die Maschine hat noch viel weniger Mitleid mit ihm als die Natur, die doch so vieles in ihm unangetastet ließ. Ganz gewiß läßt die Maschine die Würde des Menschen nicht unangetastet! Kein pater familias, kein Potentat verlangte seelenlosere Fron. Wenn die menschliche Hand, die zwar den alles herbeibestellenden Knopfdruck virtuos beherrscht, aber den eigenen, schaffenden Beitrag nicht mehr zu leisten vermag, oder auch wenn der einst in einer persönlichen Entscheidung ergriffene Beruf zum beliebigen, das Geldbedürfnis fütternden „Job" geworden ist, dann ist es um die bedeutendere Entfaltung des Menschenwesens geschehen. Monumente mögen errichtet werden, doch Schicksalswerke werden nicht mehr hervorgebracht...

Dasjenige Interesse, das auf Erleichterung, also Mechanisierung der Hand-Arbeit aus ist, wird dem Menschen, der sich doch nur durch Werke der eigenen Hand Freiheit erwirkt, Lasten und Leiden aufbürden, die er schließlich nicht mehr zu tragen imstande ist. Auch der Maschine hat sich die Wahrheit entzogen, sodaß sich gegen Ende des Maschinenzeitalters die hochfliegendsten Maschinenträume nicht mehr erfüllen, selbst wenn den Einzelheiten tausenfältige Verbesserungen zukommen. Die funktionierendsten Systeme können nicht mehr helfen, wenn einmal der homo sapiens das Wissen nicht mehr aufbringt, um sich selber zu helfen. Man täusche sich nicht – an die Evolution (oder die Schöpfung) reicht kein Wissen, kein Apparat, keine Kunst und Künstlichkeit, vor allem keine menschliche Intention heran. Dasselbe gilt für die Wahrheit. Am Scheitelpunkt aller Wissenschaft und Technik erscheint notwendigerweise der homo insciens. Es ist allerdings nicht ausgeschlossen, daß der wieder für die Wahrheit offenstehen wird...

Viel zu überstürzt hat sich der Mensch an die Maschine hingegeben und andere Entwicklungsmöglichkeiten fallen lassen, sodaß er schon bald ihrer totalitären Willkür nichts mehr entgegenzusetzen hatte. Er wurde in Bereiche hineingetrieben, die ihm, vom Standpunkt seiner geistigen, evolutionären, geschichtlichen Wirklichkeiten aus gesehen, gar nichts nützen. Der Mensch ist nicht das, was von der Maschine her von ihm vorgestellt wird. Praktisch ist er zum Unmenschen geworden. Er kann sich, trotz oder gerade wegen der Fortschrittlichkeiten und Erfolge, nicht mehr aufrichten, nicht mehr läutern, da ihm jetzt die schöpferischen Voraussetzungen und inneren Kräfteströme fehlen. Es wird von ihm immer nur in ein und dieselbe Kerbe gehauen, immer nur ein und dasselbe erfunden, ein und dasselbe gedacht, gewollt, betrieben. Dabei wurden die dem Menschen geistig gesetzten Umrisse längst überschritten. Die rasenden Fortschritte betreffen das Menschenwesen nicht mehr, saugen aber Seele und Leib die wichtigsten Essenzen ab. Von den menschlichen Säften nämlich bedarf die Maschine weitaus mehr, als sie der „Treibstoffe" bedarf. Daher gebricht es den modernen Maßnahmen, Projekten und Aktivitäten so sehr an Substanz und Tragweite. Es wird eigentlich nichts mehr entschieden, nur noch gigantische

Quisquilien werden zugemutet. Die von der Maschine aus-
gehobenen Energien aber lassen sich nicht wieder einbrin-
gen: Sie sind keinesfalls „erneuerbar". Und dem Verlust
kann von wissenschaftlicher Seite aus nicht einmal nachge-
spürt werden, er ist unerforschlich.

Wenn sich die menschliche Hand eines Werkzeugs oder
Geräts bedient, dann wird damit eine Arbeit verrichtet, die
eigentlich nicht an die Maschine abgegeben und auch nicht
erleichtert werden kann. Die Hand sucht Wege und Ver-
wirklichungen nach ihren Voraussetzungen. Andere Prämis-
sen führen allerdings zu anderen Ergebnissen; vielleicht
wird das handwerkliche Tasten sogar von der Natur ver-
bindlicher angenommen als die maschinelle Bezwingung
ihrer. Vermutlich wird die Erde der Maschine niemals unter-
tan, sondern sie geht zu bislang unbekannten Antagonismen
über, während dem der Maschine untertanen Menschen
verlorengeht, was er unter Schweiß und Tränen der Erde
abgerungen hat. Die Anzeichen laufen darauf hinaus, daß er
zum Barbaren wird, der die Maschine und die Medien hat.

Die Auseinandersetzung mit der Erde und der menschli-
chen Bedürftigkeit ist wohl nicht endgültig der Maschine
überantwortet. Am Ende kann der Hand geholfen werden,
wenn sie sich selber hilft und zu ihrer τεχνη, ihrer eigensten
Geschicklichkeit und Geschichte zurückgelangt, um jene
Auseinandersetzung noch einmal zu versuchen. Lange
schon ist die Wesentlichkeit der Hand auf der Strecke ge-
blieben. Sie kann doch nicht mit der Geste des Knöpfebe-
dienens vollzogen sein!

Führen wir uns vor Augen, was der große französische Denker Paul Valéry im Jahr 1925 in seinem Essay „Sur la crise de l'intelligence" geschrieben hat:

„Die Maschine herrscht. Das menschliche Leben ist auf starre Weise an sie gekettet, es unterliegt dem schaurig exakten Willen von Mechanismen. Diese Schöpfungen des Menschen sind anspruchsvoll. Zur Zeit wirken sie auf ihre Schöpfer zurück und modeln sie nach ihrem Vorbild. Sie benötigen gutgedrillte Menschen, sie tilgen nach und nach die Unterschiede zwischen ihnen und passen sie ihren geregelten Funktionsmechanismen an, machen sie der Einförmigkeit ihrer Verrichtungsart gefügig. Sie erschaffen so eine Menschheit zu ihrem Gebrauch, geradezu nach ihrem Bilde.

Zwischen der Maschine und uns besteht so etwas wie ein Pakt, vergleichbar etwa jenen furchtbaren Bündnissen, die das Nervensystem mit den subtilen Dämonen aus der Klasse der Rauschgifte eingeht. Je nützlicher uns die Maschine erscheint, um so mehr wird sie es; je mehr sie es wird, um so *unvollständiger* werden wir, um so weniger fähig, auf sie zu verzichten. Es gibt eine Umkehrung des Nützlichkeitsprinzips.

Hier kann ich nicht umhin, schonungslos Worte zu gebrauchen und mit Entsetzen festzustellen, daß die *Verantwortungslosigkeit*, die gegenseitige *Austauschbarkeit* und *Abhängigkeit*, die *Gleichförmigkeit* in den Sitten, im Benehmen, ja sogar in den Träumen das menschliche Geschlecht ergreifen. Scheinen doch schon die Geschlechter sich nur noch aufgrund anatomischer Merkmale voneinander zu unterscheiden!...

Die Maschine läßt immer weniger *Spielraum*."

Vor der Maschine sind Mann und Frau gleich, sagt Paul Valéry. Aber eben nur vor der Maschine! Vor der Wahrheit, sind sie es unter keinen Umständen. Sie sind es nicht vor der Seele, vor der Erdnatur, vor der Arbeit, vor dem Schicksal, vor der Lebendigkeit, vor dem Tod.

Wie immer kritisch wir die historischen Sachverhalte betrachten, - wir haben einzusehen, daß der bodenbearbeitende Mensch schneller und leichter von der Mechanisierung ergriffen und seines Spielraums beraubt wurde als der städtische, weil bei ihm die Erleichterungen unbedachter, ja ungehemmter und bedenkenloser begrüßt werden mußten. Allerdings mußte von Anbeginn an jede Erleichterung mit einer Erschwernis bezahlt werden. Ob dem Bauern in der Stadt einmal die Rückbesinnung auf die wesentlichen Taten der Hand, das heißt vor allem: auf die Verantwortung dem Wein und der Wahrheit gegenüber, als unabweisbar erscheinen wird? Jedenfalls kann es ihm, wenn es einmal wieder um die Wahrheit im Wein geht, nicht mehr mit der gleichen Ausschließlichkeit um die maschinellen Entlastungen, noch um die Verbesserungen der bestehenden sinnenhaften Dinge gehen. Jenseits ihrer Herrschaft wird die Maschine nicht einmal mehr entlasten, denn der Zustand, der sie überhaupt nötig und möglich machte, wird gar nicht mehr bestehen. Andere Bedingungen lassen die Dinge anders in Erscheinung treten. Erleichterungen werden nicht mehr herbeigewünscht, wenn es einmal um die Produktion der Wahrheit gehen sollte. Wahrheit ist nichts Maschinelles, nichts mit mechanischen Mitteln zu Ertrotzendes. Ihr ist auch nicht mit Bekämpfungen des Widerwärtigen zum Sieg zu verhelfen. Ein Zeitalter der Hand, der verfeinerten, feinfühliger arbeitenden Hand, wird hier mehr erwirken. Eine solche Hand, zusammen mit ihrem seit je adäquaten Gerät, wird einmal bitter benötigt werden. Denn die Wahrheit ist unter anderem eine Sache der Hand und ihrer Arbeit. Sie darf auf die Dauer nicht den Maschinen, den Apparaten, den Systemen, den Knöpfen überlassen werden. Wie haben die Grobheiten die Rebe, die Erde, das Leben entweiht und entkräftet!

„Wir sind vergiftet", stellt Paul Valéry fest (ebd.). Er meint damit nicht zuerst, daß wir immer mehr verseuchte Nahrung und Luft – „Schadstoffe" – aufnehmen, vielmehr, daß wir die Giftfluten, die diese Welt ausscheidet, schon längst zu unserem Lebenselixier gemacht haben. Wir sind nicht immun gegen das Verderben, sondern wir tragen es in uns; wir sind darauf angewiesen, es selber auszuscheiden und der Welt zu verabreichen. Auch das „Spritzen", das doch einen der oberen Ränge im Geschäft des Wengerters einnimmt, geht von einer eigenartigen inneren Gefährdung aus.

Tatsächlich wissen wir wenig vom Ursprung der Krankheiten, sei es der Krankheiten und Dysfunktionen des Menschenleibs, der uns am nächsten ist, sei es der organischen Dinge, die uns in die Sinne fallen, etwa der Pflanzen und Tiere. Es scheint auf Erden etwas wider den Menschen und seine Triebe, Bedürfnisse und Interessen gerichtet zu sein. Was der Mensch auch versucht in seiner Geschichte, - er stößt auf Widerstände und Nöte, Zerfall und Gebrechen, die sein Leben der unauflöslichen Sorgenqual des Unterhalts oder Überlebens überantworten. Die Natur zeigt wenig Liebe für den Menschen und seine schöpferische Verwandlungsarbeit, wie sich auch der Himmel über die Zeiten mit seiner Gnade zurückhält. So war die Arbeit im Weinberg lange von einer kaum vorstellbaren Vergeblichkeit begleitet, wenigstens in den hyperboreischen Himmelsstrichen. Krankheits- und Schädlingsbefall, vor allem auch die Ungunst der Witterung, die vielen „Fehlherbste", die den Arbeitsaufwand übers Jahr nicht schmälerten, doch keine Ernte erbrachten, verhinderten, daß an den Wengertersstand materiell wie menschlich ein Segen herangelangte. Wie mußten das Gift und die Errungenschaften willkommen geheißen werden! Mit einem Mal rollte ein Heer von Latinismen heran - die Spritzmittel gegen die Mikrobeninvasion. Der Erfolg gab der Wissenschaft recht. Doch Bekämpfung und Wahrheit sind miteinander unvereinbar; sie ziehen in entgegengesetzte Richtungen. Das Gift läßt den Sieg über die Unbill unmöglich werden. In diesem Zusammenhang müssen Errungenschaften stets teuer bezahlt werden: Der Wein hat keine Tiefe mehr; und was an der Oberfläche erscheint und was etwa dem Feinschmecker schmeckt – die „Aromen", die Blendungen des Gaumens und des Gemüts, die Schwelgereien der Sprache - , das hat nichts mehr mit den Ursprüngen des Weins zu tun, der doch ein Gehäuse der Wahrheit sein soll. Gift und Wahrheit verbrüdern sich nicht im Wein. Und durch die fortgesetzte Bekämpfung des Schlechten nimmt der Mensch zu viel des Schlechten an. Ohne die Wahrheit muß er unwahr werden. Woher aber soll er sie nehmen, wenn sie nicht mehr im Wein ist?

Die Haltung des Bekämpfens zeugt am Übel fort. Das heißt, es muß eigentlich mit dem Übel gerungen werden. Noch einmal müssen Verluste und Verheerungen, geistige und materielle Armut ausgehalten werden, jetzt aber, damit sich überhaupt eine innere Verbindung mit den Krankheiten und Veränderungen der Pflanzen, ja mit dem vegetabilischen (wie auch animalischen) Leben überhaupt ereigne. Es muß mehr von der Pflanze und vom Wein gewußt werden, als die Wissenschaft je davon wußte. Es wird ein im Wesen anderes Wissen sein, kein spezielles, sondern ein umfangendes. Das in den Jahrhunderten (oder Jahrtausenden) gesteigerte, gestaute Krankhafte ist sozusagen in ein chronisch Gesundes zu verwandeln. Dies wird unveräußerlich zur Arbeit mit und an der Natur gehören. Es gibt ein schöpferisches Mitleiden mit der Vegetation, mit der Kreatur, mit den furchtbaren Metamorphosen der Welt. Bekämpfungen heilen nichts, weil sie nicht am Wurzelgeflecht des Leidens teilnehmen. Ein Bekämpftes erholt sich stets wieder. Die Latinismen streben ins Endlose. Dem folgen die Krankheiten und Schädigungen.

Längst hat der Mensch eine Grenze der Maßnahmen und Maßlosigkeiten in allen Dingen überschritten. Auch die Leiden sind maßlos geworden und fordern maßlose Schritte. Die Menschheit ist in einen Teufelskreis eingetreten, aus dem die Geste der Maßnahme (der Bekämpfung) nicht herausführt. Zuletzt verlangen die Therapien nach den Übeln. Es muß zu einem Versuch mit der Wahrheit kommen; und es darf vom Wagnis, nachdem es einmal eingegangen wurde, nicht mehr abgeirrt werden. Wie der Menschenleib, so harren auch Pflanze und Tier auf Erlösung vom gegenwärtigen Zustand. Leiden nicht alle drei, Pflanze, Tier und Mensch, an den Vorstellungen von der wirtschaftlichen Rentabilität, von den zu erpressenden riesigen Erträgen, vom sog. „Wachstum"? Wieviel an Lebenswertem hat doch das Leben eingebüßt! Auf den gewagten Verzicht aber erfolgen ein andersartiger Reichtum und vermutlich eine noch unvorstellbare Natur und ein noch unvorstellbarer Wein. Ein andersartiger Wengerter wird, gewiß unter Schmerzen, die

Wahrheit in den Wein zurückgeleiten. Vorausgesetzt ist aber, daß er die Rebe als etwas ganz Neues in Erfahrung bringt. Es ist das Gift in uns, das nach einer Antwort verlangt. Danach erst kann das Gift außer uns in den Verzicht gewagt werden. Dies muß geschehen, denn die Wahrheit kann auf ein höheres, helleres Verhalten des Menschen zu Pflanze und Tier und zum eigenen Leiden nicht verzichten. Und der Wein, der Wahrheit enthalten soll, kann sich auf keinen Fall dem Gift verdanken. Der Wagende wird viel für die Wiederkehr der Wahrheit tun, so auch für die Abtragung der riesigen Schuldenlast gegenüber Pflanze und Tier, die unentrinnbar zu vollbringen ist.

Die Maschine lasse immer weniger Spielraum, so zitierten wir Paul Valéry. Vor allem, was den frei schaffenden Menschen anbelangt, dessen Tätigkeiten nicht leicht, wenn überhaupt, zu definieren sind, bleibt immer weniger Freiraum. Was heute verständlich und definierbar, also anerkennenswert ist am arbeitenden Menschen, das sind die herabgekommenen, nun in die bürgerlichen Berufe hineingegossenen Tätigkeiten. Es ist die spät gewordene historische Gestalt des Berufs, die dem Menschen nicht nur die Möglichkeit der Berufung verweigert, sondern auch den schöpferischen Atem nimmt: „Die Maschine will und kann nichts anderes kennen als ‚Berufsmenschen‘“, sagt Paul Valéry („Sur la crise de l'intelligence"). Alle menschliche Arbeit ist auf die Normen der modernen Beruflichkeit aus- und abgerichtet. Wen das berufliche Gewand heute nicht kleidet, der es nicht apologetisch oder als Tarnung umhängt, der erscheint als gesellschaftliche Unmöglichkeit und schnell auch als Makel, insofern er überhaupt bemerkt wird. Das Leben aber verengt sich bis zum Würgegriff für den, der sich nicht mit dem Berufsmenschen oder Job-Inhaber oder Förderungsempfänger gleichschalten läßt.

Die menschliche Tätigkeit als standesmäßige, wie sie das Mittelalter eingerichtet hatte, stellte Freiräume zur Verfügung, die heute ganz und gar unbekannt sind. Der mittelalterliche Mensch war frei innerhalb seiner Bindungen. Er besaß „Spielräume", die es in den modernen Berufen nicht mehr gibt, die auch die sog. politischen Freiheiten nicht zurückholen können, weil diese sich gar nicht mehr ans Freie und Offene anschließen. Auch der Wengerter war frei in seiner Sache, da unumstößlich mit ihr verflochten. Der Weinstock umgrenzte seinen Freiraum. Selbst seine Armut war eine Erscheinung innerhalb seines Freiraums. Erst wenn dieser sich entzieht, die Arbeit also in den Zwangsanstalten des Spezialistentums. der Maschine, der wirtschaftlichen Systeme, der politischen und sozialen Vorurteile stattfindet, kann der Wein den zwanghaften Warencharakter annehmen, den er heute angenommen hat. Wahrheit trägt sich allein im Freiraum zu. Weshalb sie sich auch dem Raum der modernen Arbeit entzogen hat. Aus dem Beruf ist nach und nach etwas Unwahres geworden. Er scheint jetzt das beliebige Kostüm eines Menschengeschlechts zu sein. In irgendein Kostüm gesteckt, ist der Mensch aber nur der Schauspieler einer beiläufigen Fachkundigkeit, den Zusammenhängen in einem Ganzen aber entrissen. Einer Zeit der Verengung muß notwendigerweise eine Zeit des Umfangens folgen.

Die Wahrheit bedarf der Wahrhaftigkeit und der Standhaftigkeit. Das heißt, daß ein Menschentum auf einem eigentümlichen Boden standhaft werden muß. Die Ketten und Bedrückungen des Berufs sind zu verwandeln in die Freiheit eines Standes, einer Beständigkeit, einer Standfestigkeit. Irgendwann ist die Bindung an die Arbeit neu zu entwerfen, nicht um eines Vorteils oder Vorurteils, sondern um der Wahrheit willen. Es wird an gewisse uralte, nämlich anfänglich geistige Dinge angeknüpft werden müssen, damit sich sowohl die veritas, als auch die qualitas wieder den Lebensumständen auftun können. Dann wird sich mit den „Bauern in der Stadt" auch die Stadt neu prägen, womöglich in größerer Ursprünglichkeit und Freiheit.

Industrie und Wirtschaft prägen die Stadt nicht, wie sie etwa durch die Idee und Wirklichkeit der „Freien Reichsstadt" geprägt wurde: Sie nehmen der Stadt ihr ursprüngliches Gesicht, ihre Geschichte, ihre Freiräume, ihre geistigen Zeugungsmöglichkeiten, soviel „Lebensqualität" sie versprechen oder auch tatsächlich gönnen.

Die Rebe aber ist Zeugungsmöglichkeit, dies noch immer ungebrochen; sie kann immer noch bedeutende Frei- und Lebensräume zuweisen. Wenn der Wein an die Wahrheit rührt, dann rührt die Rebe an das Geheimnis einer erstaunlicheren Welteinrichtung. Als wissenschaftliches und politisches Projekt und auf Konferenzen wird die Wahrheit nicht hergestellt. Mit einiger Gunst und einigem Glück aber kommt einmal die Besinnung darauf zustande, daß jeder menschheitliche Kairós von innen nach außen verläuft und die Wahrheit nur von innen her in den Wein gelangt. Sehe der Wengerter zu, wie er dies bewerkstellige!

> „ man kann da alle Wirkung der Natur in die
> Kraft des Weines deutlich erkennen. "
> Bettina von Arnim

Zunge und Gaumen sind schlechte Zeugen für jene Wirkung und Kraft; ihr in die Sprache der Begriffe übersetztes Urteil ist unerheblich. Geschmacksurteile sagen nichts aus vom Wein, von der Natur, von der Kraft, von den Wirkungen. Jedes Genießertum urteilt zu früh. Es erwartet von den Sinnen etwas, was diese nicht erfüllen können. Daher der Humbug des Sinnlichkeitsgesalbaders, die schiefe Genießer-Ästhetik, die Enttäuschungen der Sinnlichen. Die Bettina meint geistigere Dinge. Verliert der Wein an Geist, d.h. an Wahrheit, erst dann gewinnen unvermeidlich der belanglose Geschmack und die berühmte, indes besinnungslose „Sinnlichkeit" die Herrschaft über ihn.

Beim Wein kommt es also auf die Wirkung an, die nicht mit dem, was vor ihr kommt, mit dem Genuß etwa, aber auch nicht mit den vom Alkohol angestachelten Folgen gleichzusetzen ist. Vielleicht wußten die Alten noch, was die Wirkung der Wahrheit, die Wahrheit als Wirkung ist! Der Genuß als solcher jedoch erhöht nicht, reißt nicht mit, schenkt dem Gemüt keinen Mut. Natürlich soll der Wein gut schmecken, jedoch nur nebensächlicherweise, als Zutat, nicht als oberstes Gebot des Weintrinkens. Mittlerweile sind die Geschmacksnuancen ohnehin ausdifferenziert und der Verfälschung ausgesetzt. Die wesentlichen Wirkungen (die Taten des Weins) aber sind noch gar nicht erfahrbar. Noch nicht einmal die tiefere Bedeutung des Rausches ist heute zu kennen, da wir menschlicherseits der Wahrheit heute nicht nahestehen. Von der Wahrheit berauscht zu werden, - das könnte unter den Alten möglich gewesen sein, auf die der Gaumenkitzel oder auch die Betäubung keinen Eindruck machte (oder eben nur einen sehr nebensächlichen).

In den wesentlicheren Epochen ist der Wein dem Menschen weder gleichgültig noch verzichtbar noch auf einen Begriff zu bringen. Wenn Wahrheit im Wein ist, ist seine sinnliche Gestalt nicht primär, nicht premium. In unwesentlicher Zeit, wenn er verwahrlosen muß, schmeckt er den Sinnen besser und berauscht auch besser.

Auch die Festlichkeit, die seit altersher mit dem Wein verschworen ist, wird einer nochmaligen Urhebung bedürfen. Das heißt, das wesentlichere Fest ist erst noch zu ermitteln, denn der moderne „Berufsmensch" ist des Festes unkundig, ja unwürdig geworden. Was noch besteht, zerrinnt ins Massenhafte, Geschäftsmäßige, Banale, ins innerlich Abgewirtschaftete, wenn nicht Ungemütliche. Doch die wirkende Gegenwärtigkeit des Festes geht prinzipiell jeder Alltäglichkeit voraus. Der Sonn- und Feiertag muß ein Geschöpf nicht des letzten, sondern des ersten Schöpfungstages sein! So ist der Sonntag nicht dazu da, daß er beobachtet (oder mißachtet), sondern daß er festlich begangen werde. Demgemäß ist der Wein ein Geschöpf der Festlichkeit, nicht des bloßen Ausruhens. Wir schöpfen Kraft für das, was kommt, nicht aus dem, was ging. Gerade das Fest hat wieder an innerer Wahrheit und Wesentlichkeit zu gewinnen, ehe das menschliche Vermögen dazu völlig aufgezehrt ist. Der Wengerter gibt dem Wein das Maß der Festtagsformen und --freuden vor; gerade er kennt das Maß der Beanspruchung durch die alltägliche Arbeit, ist also selber des Festes bedürftig. Des Gliederstreckens ist er unbedürftig. Doch eigentlich weiß er auch, daß Arbeit leicht ist, wenn ihr der Festtag vorausgeht. Schwer und wohl unmöglich ist es allerdings heute, ein echtes, wirkmächtiges Fest zu begründen. Denn der heutige Mensch trägt den „kategorischen Imperativ der Freude", wie sich Friedrich Hebbel einmal ausdrückte, nicht mehr in sich. Er ist nicht mehr für den Sonntag geschaffen. Daher auch nicht mehr ohne weiteres für den Arbeitstag. Das heißt: Der Arbeitstag, wie er geworden ist, ist nicht mehr geeignet, den Menschen gut und hoffnungsfroh unterzubringen. Es fehlt am Sonntag.

Daß die hiermit vorliegenden Gedichte und Gedanken zum Wein, zur Weinstadt, zum Arbeiter im Weinberg von einem, der „Weinstock" heißt, abgefaßt wurden, mag Anlaß zum echten Erstaunen (θαυμαζειν) geben. Vielleicht war noch nie ein persönlicher Name mit der von seinem Träger aufgegriffenen Sache so tief und umfassend eins. In der Geschichte des Wortes und des Weines, des Wortes zum Wein gibt es jedenfalls keine Parallele! Ich bin der Weinstock, und mein Gewächs ist meinesgleichen. Womöglich durfte ich selber dem Wein ein wenig Wahrheit antun...

Es gilt als sicher, daß Jesus Christus nicht der Erfinder des Abendmahls ist. Man könnte gegebenenfalls argumentieren, daß der Christus in der Stiftung des Abendmahls nicht ganz christlich vorgeht. Manche frühe Kultur hat am Fleisch und Blut ihrer Himmlischen teilgenommen. Daß aber Brot und Wein „stellvertretend" genossen werden (fälschlicherweise sagt man „symbolisch"), diese Anschauung ist nun zu verwerfen. Es ist nichts hinter ihnen zu suchen, sie selber sind, mit Goethe zu sprechen, die Sache. Die Wirkungen von Brot und Wein sind von so selbständiger Wunderbarkeit, ja Heiligkeit, daß man geradezu behaupten darf, der Stifter des Christentums ordne sich ihnen unter, oder stelle sie eben in seinen Dienst. Vielleicht fügt er auch ihrer Selbsttätigkeit die Selbsttätigkeit des Geistes zu, wodurch die Taten von Brot und Wein überhaupt noch rätselhafter werden und noch weniger auf etwas außerhalb ihrer deuten: Sie fallen nicht unmittelbar ins Bewußtsein, was immer ihre Wirkung oder Rückwirkung auf den Menschen sei. Jesus verschafft sich also Anteil am Geheimnis, ja er macht das Geheimnis des Glaubens noch geheimnisvoller, indem nur der, der glaubt, in die Gunst der Wirkungen gelangt. Und so ist der Wein nichts ursprünglich Christliches: Er ist anfänglicher und mehr als dieses; er ist aber auch, nämlich für den Glaubenden, ausschließlich dieses. Die Frage bleibt, ob das Christliche durch den Wein, oder ob der Wein durch das Christliche mit der Wahrheit in Berührung gekommen ist. Wer sagte zuerst: „Ich bin die Wahrheit", der Wein oder der Geweihte? Oder ist, post festum, die Frage gleichgültig geworden?

Übrigens ist der unvergorene Saft, der heutzutage an den protestantischen Altären gereicht wird, geradezu sakrilegisch gegenüber dem Geheimnis des Geistes und der Wahrheit im Wein, weil die sich doch erst aus dem Gären entfalten.

Wie der süße Traubensaft niemals den Wein signifizieren kann, so dürfte man eigentlich auch, was dessen sakramentales Pendant anbelangt, nicht solch kapitalen Irrtümern unterliegen wie dem, daß die Wahrheit mit der Grammatik eine heilige Allianz eingehen würde: „Unser täglich Brot" und „unser tägliches Brot" sind ganz und gar nicht dasselbe! Die Angleichung an die grammatikalische Richtigkeit hat das bedeutsame Wort von der Wahrheit abgeschnitten. Wie konnte denn die sprachliche, die religiöse Untrüglichkeit so weit verkümmern, daß das Bedeutsame gegenüber dem

Richtigen keine Gültigkeit mehr haben kann! Auf keinen Fall eine läßliche Angelegenheit! Den alten Brotkörben war der innere Sinn des Brotes eingeschrieben, wie den Kelchen der des Weins. Etwas ist dahingeschwunden, ohne das gerade die so erwünschte Stärkung durch die „soziale Gerechtigkeit" nicht einmal von ungefähr erworben werden kann. Die Realität macht nicht richtig mit, wenn nurmehr die Richtigkeit, doch keine Wahrheit zugegen ist. Dann versuchen sich die Realisten, die Alleswisser, die Weltverbesserer, die Professoren, die Grammatiker...

Was ist Wahrheit? Auf keinen Fall ist sie etwas Menschliches. Jeder Versuch der Definition läßt sie entgleiten und unwahr werden. Wer sie auszusprechen versucht, verscheucht sie. Der Anthropologie will sie sich nicht bequemen, denn sie scheint nicht einmal für den Menschen da zu sein, der zwar an ihr teilhaben kann, durch zufällig erschienenen oder streng verfolgten Lebenswandel, aber auch wieder von ihr lassen muß, und zwar nach ihrem Belieben, nicht nach dem seinem, um dann ohne ihr Beisein den Weltlauf bestehen zu müssen. Keinerlei Anstrengung wird sie zurückbeordern. Wenn sie fort ist, kann sie nicht einmal vermißt werden. Die Sittenlehren und frommen Dogmen und sonstigen suggestiven Gebärden, sowie deren Widerlegungen oder Verleugnungen, das Hin und Her der Pseudowahrheiten, Behelfe, Vorläufigkeiten treten an die Stelle, die einmal von der Wahrheit bestimmt war, wodurch sich das einmal im Beisein der Wahrheit Geschaffene nach und nach zersetzt oder in eine andere Gestalt und Bestimmung übergeht.

Der Wein scheint die Wahrheit einmal eingefangen zu haben, bzw. es war ein Menschentum so weit herangebildet (kultiviert), um mit dem geschaffenen Wein die ungeschaffene Wahrheit festzuhalten und fruchtbar werden zu lassen. Doch die Wahrheit hat den Wein wieder verlassen, sodaß wir heute vor der unlösbaren Aufgabe stehen zu erinnern, was denn mit dem alten Wort „In vino veritas" eigentlich gesagt sei. „Quid est veritas?": Pilatus sagt zweifellos etwas Richtiges von der Wahrheit, allerdings sagt er es wohl nach dem schon geschehenen Exodus der Wahrheit. In der Anwesenheit der Wahrheit könnte die (rhetorische) Frage nicht so ausgesprochen werden, wie sie von Pilatus ausgesprochen wurde (Joh. 18,38). Vermutlich war die Wahrheit zu des Pilatus Zeiten, zur Zeitenwende also, schon nicht mehr im Wein! Ob sie je kurzfristig noch einmal zurückgekehrt war, im Mittelalter, in der italienischen Renaissance, in der französischen Süße des 18. Jahrhunderts, in der deutschen Rhein- und Neckarromantik? Wir können ja versuchen, sie an ihren Früchten zu erkennen, auch wenn wir den Wein der gewesenen Tage nicht mehr genießen können, aber das bringt sie selber nicht zurück, auf daß wir als ihre Frucht in Erscheinung treten. Wenn wir zur Trauer beschaffen sind, dann ist schon viel mit uns erreicht! Mehr können wir gegenwärtig nicht für die Wahrheit tun, als um sie zu trauern. Eigentlich formulierte es Pilatus verkehrt: Auf das „Was" kann keine Zeit eine Antwort geben, was aber erst dem um die Wahrheit Trauernden deutlich wird. Es sind ja bloß die Früchte, an denen sich die Wahrheit zu erkennen gibt! Der Wein als solcher müßte ja irgendwie die Wahrheit zur Sprache bringen, die in ihm verborgen anwesend ist. Er bleibt aber stumm: Die Wahrheit verbirgt sich, gerade weil sie das Unverborgene ist (griechisch α–ληθεια). Wir sind immer noch Pilati und fragen nach dem, was wir nicht wissen, sondern bloß haben können bzw. formulieren unsere Fragen rhetorisch, nämlich gemäß unserer leeren Vorurteile oder überbordenden Glaubensgewißheiten. Jedenfalls kommen wir an <u>beiden</u> altertümlichen Sentenzen auch heute noch nicht vorüber: <u>In vino veritas</u> und <u>Quid est veritas</u>? Immer noch sind wir felsenfest davon überzeugt, daß es mit der Wahrheit etwas auf sich hat, auch wenn wir dazu nichts in der Hand, geschweige denn im Kopf haben. Wir beharren sogar auf der Behauptung, daß der Wein der Frage des Pilatus irgendwann einmal eine gültige Antwort entgegenzuhalten vermag.

Ich kläre nicht auf, sondern ich deute. Alles Erblicken ist schon ein Gewahren. Wahrheit fußt nicht auf den Sachverhalten, sondern die Sachverhalte gründen auf der Wahrheit (daher auch auf der Unwahrheit). Es könnte durchaus sein, daß der Wein gar nicht möglich ist ohne die Wahrheit, die ihn auch dann bedingt, wenn sie sich von ihm fernhält. Die Wahrheit taugt also nicht zur Erklärung oder Bestätigung von Annahmen, sondern sie geleitet zu den Möglichkeiten und Gefahren der Bewahrheitung. Dergleichen Möglichkeiten leuchten auf in den Deutungen, die wir für uns bejahen oder ablehnen. Erst der Entschluß zur Bewahrheitung ist eine ethische Handlung. Ein Komitee kann ihn nicht erlassen, ein Dogma nicht ans Herz legen, eine Tradition nicht verbürgen, eine Indoktrination nicht einbläuen, ein Gesetz nicht durchsetzen. Wird er nicht eigens und einsam vollzogen, vielleicht sogar wider besseres Wissen, auf jeden Fall gegen den Strom, dann erlangt die Wahrheit keine Bedeutung. Auf- und Erklärungen sind zuallermeist bedeutungslos, denn sie fordern uns nichts ab; eine Bewahrheitung indes erhebt Anspruch auf unsere innere Unabhängigkeit, also auf unser Bestes und Gefährdetstes. Mit der Bewahrheitung der Wahrheit endet alle Rationalität und beginnt die unerahnte Bedeutung der Früchte der Wahrheit, d.h. des Abschieds von der Wahrheit. „Die Wahrheit liegt im Weitergehen," wie Karl Jaspers zu bedenken gibt. Oder im Austrinken, wie ich wähne.

Die Wahrheit hat immer einen Ort, dem sie etwas zur Verwahrung anvertraut hat. Wer hingelangt, wird mit dem Verwahrten beschenkt, und zwar frei und bedingungslos. Das Verwahrte wird zu seinem Geschöpf. Doch gelangt keiner hin, der nicht die Bedingungen schon erfüllt hat, ohne daß er je von ihnen wußte. Erst der Ort ist das Wort; das Wort ist auf eine Weise und Weile identisch mit ihm. Diese Identität mag als eine Antwort gelten auf die Frage „Was ist Wahrheit?". Wenige Augenblicke lang kann, in der Umkehrung, das Wort (wie auch der Wein) der Ort der Wahrheit sein. Jedoch logische Sicherheiten und rationale Erklärungen liefert dieser Ort niemals.

Die Unwahrheit ist immerhin eine Teilhabe an der Wahrheit. Sie rüstet sich echt und ernsthaft zur Rückkehr in deren Umgegend. Hingegen die Halbwahrheit kann nicht rückkehren, weil sie an der Wahrheit überhaupt nie teilhatte. Sie ist aus anderem Holz geschnitzt: Weil sie medialen Charakter hat, kann sie das Essentielle nicht bergen, nicht einmal zur Hälfte. Es gibt Zungen, die können zwischen unwahren und halbwahren Weinen scharf unterscheiden, ohne daß ihnen heute schon ein veritabler ganz gewährt werden könnte. Meistens ist die Halbwahrheit viel süffiger und verwechselbarer mit der Wahrheit als die Variante, die erst noch unterwegs, vielleicht noch nicht einmal aufgebrochen ist zu ihrer wahren Bestimmung. Jene differenzierenden Zungen werden sich allerdings nicht blenden lassen und lieber den lauteren sauren Tropfen probieren als den süß-sauren.

....Wo und wie die Wahrheit auch in die Erscheinung tritt, - unmittelbar ist sie nicht zu wissen. Sie versteckt sich in ihren Gewächsen. Eine Wahrheitswissenschaft oder -logik ist ausgeschlossen, ein Wagnis der Wahrheit aber durchaus möglich. Wer sie durchsetzen will, ist nicht in ihrem Besitz. Wer könnte den „wahren Wein" beschreiben! Du wärst in der Wahrheit geblieben, wenn du sie verschwiegen hättest! - das wußten die alten Philosophen. Si tacuisses, vinitor mansisses...

Daß die Rebe zum Kulturerbe, also zu den geistigen Gütern gehört, kommt einer Binsenweisheit gleich. Wenn wir aber bedenken, welchen Gefährdungen sie zu trotzen hatte und dabei siegreich geblieben ist, dann erstaunt doch die Souveränität dieses ererbten Gutes. Ganz ohne weiteres ist ein solches aber nicht den Normen eines Kulturbetriebs und der Wirtschaftlichkeit anzupassen, - immer bleibt ein überragender Rest von Unzweckmäßigkeit, Unrentabilität, also von echter Kultur. Einer Art Romantik gelingt es immer wieder, die leergetrunkenen Traditionen von sich zu werfen und die lebenswichtigen Überlieferungen an die Gegenwart anzuknüpfen, was gewiß mit der Urform der Rebe und ihrer Wohnstätte, dem Weinberg, immer wieder geschieht. Was von beträchtlicher Kultur ist, das läßt sich jedenfalls niemals in einen Nutzen hinein verrechnen, noch läßt es sich auf ein gänzlich unwürdiges Niveau herabziehen, sondern es bleibt stets dem Ursprung irgendwie nahe.

Daran hält sich der Wengerter, weshalb er auch in den ödesten Zeiten der Erd- und Menschenvernutzung nie sehr weit vom Ursprung abirrt. Seine Aufgabe geht immer über das Produzieren hinaus; vielleicht beginnt sie erst über diesem. Weil die Rebe nicht mehr weicht, hat auch er selber so etwas wie eine kulturelle Konstante zu sein. Gewiß leidet er in den Zeiten der kulturellen Krisen mehr als in irgendeiner Arbeiterschaft und Gesellschaftsschicht gelitten wird; und vielleicht ist gerade deshalb sein Urteil gediegener, mag es gleich nicht zur Geltung kommen. Wenn einmal die totale Wirtschaft und Wirtschaftlichkeit in die totale Fragwürdigkeit übergegangen sind, dann wird der Wengerter immer noch seinem Kulturgegenstand, der Rebe, nicht zu nehmen sein. Die Verwüstungen an Erde, Leib und Seele, die den Verwüstungen des Krieges kaum nachstehen, werden den bäuerlichen Menschen, mithin den „Bauern in der Stadt", nicht übergehen, es ist aber das echte Kulturerbe, welches entschiedener für eine Wende bzw. einen Neuanfang sorgen wird. Bis dahin können allerdings die Gefahren nicht maßvoll und die Ansprüche ans Durchhalten nicht geringfügig sein.

Mit der Zerstörung der reichsstädtischen Grundmauern der Stadt Heilbronn am 4. Dezember 1944 wurde dem Wengertersstand nicht nur ein erheblicher Teil seiner Angehörigen, sondern auch seiner alten Wohnstätten in der Innenstadt entrissen. Man kann wohl sagen, daß mit diesem Tag das herabgekommene Bürgerleben des Bauern in der Stadt endete. Die ihre eigenste Atmosphäre, aber nicht ihr Erbe verloren hatten, machten weiter, es ging indes um etwas anderes als vorher. Der Stand war plötzlich zum Beruf geworden; unter dem einsetzenden Regiment des „Wirtschaftswunders" wurden die monetären, maschinenhaften, merkantilen Vorgaben nachdrücklich und unumgänglich, die Akte der Innovation und Amelioration verdrängten die Gepflogenheiten, die Rebe wurde mit Kalkulationen umrankt. Durch alles, was ihm jetzt aufoktroyiert wurde, wurde der Wein ein anderer, und niemand kann sich mehr daran erinnern, was er vorher war. Die Armut nahm Abschied, eine denkwürdige Behaglichkeit zog ein in die nach praktischen Gesichtspunkten wieder errichteten Häuser und Höfe. Auch der Wengerter war scheinbar ein anderer geworden. Vielleicht war er jetzt ein wenig zum Städter ohne Bauernhabit mutiert, sein Seelenhabit hat er aber nicht ablegen können.

Mit der allmählichen Beseitigung der Trümmer, der Verwischung der leidvollen Spuren wurde auch die Erinnerung an den 4. Dezember allmählich zugeschüttet. Es blieb nur das pietätvolle Gedenken. Das Leben wurde davon nicht mehr vereinnahmt; niemand empfand mehr Mitleid mit den Toten, die Verluste an Sitten und Kulturart taten nicht mehr weh, eine Gasse der Schuld und innerlichen Zugehörigkeit zum Verheerenden wurde nicht durchs großstädtische Treiben gebahnt.

Das, was die ungeheure seelische Not ausmacht und sich durch keinerlei Maßnahme oder „Aufarbeitung" beseitigen läßt, geriet ins Vergessen und läßt sich bis auf den heutigen Tag nicht wirklich erinnern. Die vielen Vergangenheitsbewältigungen und positiven Welterklärungen nützen herzlich wenig. Mit den unbewältigten inneren Spannungen wächst, innen und außen, die Trostlosigkeit. Das heißt: Es wird sich die geschichtliche Situation, die den 4. Dezember hat zustandekommen lassen, unbemerkt wieder einstellen, nämlich in völlig unerwarteter Gestalt, gegen die niemand gerüstet sein wird. Was kommt, wird zielsicher die Mitte der Seelen treffen. Das Furchtbare, das vielleicht nur durch die anteilnehmende Schuld neutralisiert werden könnte, ist noch immer gegenwärtig, wenn auch in verschiedenem Gepräge, zumeist im Kontrast-Gepräge.

Die Zerstörung muß noch einmal im eigensten Innern durchlebt werden. Sie ist in ihrem Ausmaß, in ihren Wirkungen voll und ganz erfahrbar, wenn wir es vermögen, zu ihrem Wesensort vorzudringen. Hier werden die Schrecken schrecklicher, die Opfer unersetzlicher erscheinen, und die Trauer zeigt sich unüberwindlicher. Und nur an diesem Ort kann gewußt werden, was Schuld ist. Es wird offenbar, daß die Schuld kein Kollektivgeschehen oder Politikum, sondern eine unauslöschliche Tatsache der Persönlichkeit und Seelentiefe, der Geschichte des Innern ist. Die Seele allerdings trägt keiner allein! Getilgt ist nichts; und die jetzige Weltgestalt gereicht nicht zur Tilgung. Nur in der Seelenarchäologie, d.h. im Umgang mit der Schuld lassen sich vielleicht einige aufschlußreiche Scherben der Wahrheit ausfindig machen. Der Wengerter insbesondere hat diese Überbleibsel nötig, weil sie der Wein nötig hat.

Doch was ist Schuld? Wie sie hier gedacht wird, ist sie nichts, was vor den Richter, den Moralisten, den Theologen, den Psychologen oder sonstigen Therapeuten, vor eine objektive Instanz gehört. Sie muß nicht einmal einer persönlichen Tat, einem aufklärbaren Tatbestand entstammen, also auch keiner Anklage oder Strafandrohung. Ihr Organ und Ausgangsort ist einzig das persönliche Gewissen, welches auch für das keiner Instanz untergeordnete echte ethische Handeln zuständig ist. Wenn das Gewissen abgestumpft oder gar versteinert ist, kann der Mensch nicht schuldig werden, während das feingliedrige Gewissen, als der wesentliche Wegweiser einer Kultur, nie aus der Schuld herauskommt.

Das persönliche Gewissen ist nichts Persönliches. An der Schuld trägt keiner allein, wenn er gleich allein daran zu tragen hat. Ein Kollektiv ist nicht dazu fähig, Schuld zu erfahren, wohl aber eine in der Kultur geläuterte Gemeinschaft von Persönlichkeiten. Gerade auch das, was nicht persönlich verschuldet wurde, kann eine Person oder Gemeinschaft schuldig werden lassen. Davon wurde Franz Kafka verzehrt wie kein anderer! Wir wissen noch kaum, was denn Schuld sei und was das Gewissen, welchem sich die Schuld mitteilt. Schuld ist eigentlich nicht aufzuklären, nicht zu verstehen, nicht zu beweisen (es sei denn in ihrer oberflächlichsten Bewandtnis), sie läßt sich nur erschließen. Andererseits gibt es für sie keine gerechte Vergeltung, keinen Freispruch, keine Vergebung, keine Sühne, keine Wiedergutmachung. Es gelingt kaum je, ihr gegenüber mündig zu werden. Wir haben sie in uns anzuerkennen und die Konsequenzen zu ziehen. Ohne den Akt der persönlichen Hinnahme der Schuld – und zwar gerade in Unkenntnis ihrer Ursache - kehrt die Wahrheit nicht wieder. Wie an den Wengert, so muß auch an die Schuld, die kein eigenes Vergehen anzeigt und die doch eine persönliche Angelegenheit ist, eigens Hand angelegt werden. Ein Kollektiv trampelt den Wengert nur nieder; zu viele Schnitte machen die Rebe unfruchtbar, zu viele Ratgeber und Erlöser verscheuchen die Fruchtbarkeit. Der Weinberg, der die Wahrheit als Frucht hervorbringen soll, muß mit Schuld gedüngt sein. So sei der 4. Dezember, der jetzt ein <u>inneres Ereignis</u> ist, auch ein steter Anlaß zur Erneuerung der Schuld, also auch der eigensten Persönlichkeit. Ohne die Schuld, als innere Haltung, wächst nichts; doch weichen wird sie ohnehin nicht, mag sie ihre Namen und Symptome wechseln.

Zu den Anliegen von universaler, also innerer Bedeutung gelangt der Mensch nicht auf den ausgewiesenen Bahnen, sondern allein durch Einhalten beim Allernächsten und Allerschlichtesten. Der Globus bietet nur Zugang zu den lose geschürzten Einzelfällen, die von keiner „Globalisierung" vereint werden. Das Einende aber ist nicht auf das Maß des Globus zu bringen. Ein Symbol und zugleich Sachliches wie die Rebe verhält sich zum Ganzen: Sie liefert der äußerst beschränkten Menschenerfahrung möglicherweise mehr Weltstoff als ungezählte Erlebnisse und Erfolge allüberall.

Einer archaischen Sage zufolge soll Orpheus auch Hyperboreer, gewesen und städtestiftend durch die Gegenden gezogen sein. Auch auf die Ablagerungen des Mythos können wir noch stoßen – in uns und in den uns entsprechenden Begegnungen. Wer die Stadt kennenlernen möchte, muß eine Ahnung vom Melos des Orpheus haben.

Ist der Wein, mithin die Wahrheit, nicht eine völlig europäische Angelegenheit? Doch was ist Wahrheit? Was ist Europa? Ist Wahrheit in der europäischen Gegenwart? Könnte der Wein eine noch unausgereifte europäische Möglichkeit sein? Oder gar Europa eine noch unausgereifte Möglichkeit der Wahrheit?

Von Anfang an war Europa nur möglich und wirklich als geistbedingtes <u>übernationales</u> Gefüge. Als solches ist es im sog. „Mittelalter" erschienen. Die einzigartige Zerfaltung Europas war immer auf eine unvorstellbare Einheit bezogen bzw. stand in Wechselwirkung mit dieser. Ohne die gewaltigen Spannungen und die daraus erfolgten Entladungen und Zerreißungen kein Europa. Die Verstrickungen bzw. Vereinheitlichungen von Interessen wirtschaftlicher und politischer Art können die Vermutung, daß Europa auf dem Sterbebett liegt, nicht entkräften. Vereinheitlichungen sind Vereinseitigungen und dienen der Einheit nicht. Sie befördern ein Übergewicht, die das geschichtlich gewachsene, auf Spannung und vielfältigen unauflöslichen Gegensätzen beruhende Europa nicht verträgt. Es muß gären in Europa, damit Europa <u>werde</u>.

Ausgleich und Harmonie sind Vollstrecker eines längst gefällten Urteils. Gleichmachungen kommen spät und fügen nichts zusammen. Die geschichtlichen Kräfte reichen zur Rettung nicht aus, während die ungeistige Dynamik von Politik und Wirtschaft gar nicht auf eine Wiederherstellung Europas <u>auf einer höheren Ebene</u> gerichtet ist. Ein echter Hinzugewinn an <u>humanitas</u> ist unmöglich geworden. Es geht eigentlich nicht mehr um etwas Europäisches, sondern um das Hineinpressen herabgekommener europäischer

Tatsächlichkeiten in ein Prokrustesbett. Die Macht dazu ist allerdings vorhanden, weil Europa müde geworden ist.

Im übrigen hängen die globalen Zerreißungen unabdingbar mit den Vereinheitlichungen zusammen. Die Krisen sind nichts Eigenständiges: Sie steigen, als Gegenbewegungen, mit den moralisch unanfechtbaren Großprojekten auf. Daher sind die nachfolgenden Eingriffe der Machtgebilde in die Zwangslagen der Ohnmachtgebilde, d.h die überstürzten politischen Maßnahmen, so wirkungslos. Noch gebricht's am großen divinatorischen Vernunftschluß, der mit dem Ganzen so vertraut ist, daß er die Gegensätze und Widersprüche umfängt. Nur die Wahrheit gewährt ihn.

Eine anfängliche europäische Gestalt war die Reichsstadt. Sie war ins mythische, ideelle Europa, in eine unvorstellbare Einheit eingefügt und stellte sich darin in ihren freien Bindungen dar. Es waltete aber auch etwas wie die grenzenlose Weite Europas über ihr. Daran mag das sich hin und wieder zeigende Kaisertum erinnert haben, aber auch die lokal gefärbte Gestalt des Bürgers, die sich gerade in ihrer Gebundenheit keineswegs als unfrei empfand. An jeder Stelle Europas bildete sich der europäische Kern heran und schlug aus in den Sprachen, Charakteren, Eigenheiten, Gestaltungen, in der Vielheit. Als Zeugnis der Sinnerfassung des alten, nun nicht mehr zu erneuernden Europas ist die Schrift des Novalis (Die Christenheit und Europa) vielleicht unübertrefflich, mag ihr Blick rückwärtsgewandt sein und bedauern und betrauern, daß kein Stein auf dem andern geblieben ist. In der Trauer um ein verlorenes Europa findet sich jedenfalls mehr von der europäischen Idee, als in der immer unwahren Ideologie des jeweiligen Machtgetriebes.

Auch in Heinrich von Kleist ist der Geist der Reichsstadt wundersam aufgegangen: Im Käthchen von Heilbronn stellt sich dieser Geist schier unausschöpfbar dar. Daß Kleist überhaupt auf den Namen der Stadt kam, bleibt ein Rätsel – und muß es bleiben, denn das Rätsel der reichsstädtischen Atmosphäre hat damit zu tun. Die aber bittet inständig und untergründig um Sinnerfassung und Trauer, wenn erst der Rest, der leider alles andere als Schweigen ist, hinter uns liegt. Das Wesenhafte ist das, was Kleist in seiner Seelentiefe vorfand. Was er aufgriff, spiegelt Sein und Geschichte in die Welt. Dabei kommt es auch nicht darauf an, ob eine „historische Person" und belegbare Tatsachen den Anstoß zur Dichtung gaben. Vor dem Hintergrund des Sinns ist nichts zufällig, auch das Wunderbare nicht. Die Reichsstadt konnte sozusagen den Jamben Kleists nicht entgehen. Auch nicht der Schuld in seiner Brust. Doch wer ist befähigt, darüber wirklich erstaunt zu sein? Die unvergleichliche Sprache Kleists sagt mehr von der Reichsstadt und Kaiserzeit aus als jedes historische Dokument. Gerade dort, wo die schöpferische Phantasie waltet und die historischen Belege keine Rolle spielen, kann sich Wesentliches offenbaren. Daß dieses Wesentliche mit der Schuld zu tun hat, dies zu empfinden ist vielleicht heute nur wenigen vorbehalten. Dunst und Donner der Theater-Inszenierungen können es nicht hervorkehren; es bleibt noch unverstanden, was Kleist mit diesem Stoff darzustellen versuchte. Etwas Modernes meinte er nicht.

Daß ihm der theatralische Versuch mißglückte, ist ebenfalls unerheblich, insofern das Wesentliche ja zugegen ist, die Darstellung als solche aber von vornherein und unumgänglich zum Straucheln verurteilt war. So scheint es heute besser, das Stück unaufgeführt zu lassen, als es dem geschichtslosen heutigen Tag anzupassen. Die Problematik von Schuld und Entsühnung dringt nicht bis zur Gegenwart durch, daher die Anpassungen ans Heute bloß das Gedanken- und Bedenkenlose veranschaulichen, nicht aber den Kleistschen Seelenschatz. Es ist die Gegenwärtigkeit der Vorstellungen, die sowohl die Zukünftigkeit, als auch das zeitlose Mysterium des Kleistschen Wortes verfehlt (Was übrigens auch für das Shakespearesche Drama gilt!). Erst wenn sich die kristallene Vision Heinrich von Kleists im geschichtlichen Leben fortsetzt, wird sich auch die Problematik des Käthchens von Heilbronn wieder in einem Menschentum regen. Jede Anpassung an die Modernität verstellt, entstellt den Rang und die Tragweite der Kleistschen Gedanken. Ganz einsam weist indes das bronzene Käthchen in eine Richtung, als ob dort ein Weg und eine Wahrheit warteten.

Die Stadt, auch das zeigt Heinrich von Kleist, lebt von der Spannung zwischen der dämonendurchsetzten elementaren Natur und der Unvollendetheit, Unvollendbarkeit der Menschenkunst. Kleist brauchte den Kiliansturm nicht zu kennen, um von den unheimlichen Mächten zu wissen, die dem Bürgertum entgegenwirkten. Und gerade diese Spannung wartet ja noch darauf, vor die menschliche Erkenntnis zu gelangen. Gewiß hat die Sache Robert Mayers damit zu tun, also auch der 4. Dezember.

Unaussprechliche Liebe und unerklärliche Leiden, wie auch das Rätsel der Schuld, sind der Erkenntnis des Wesens der Stadt bzw. der Stadt als Reichsstadt, vorausgesetzt. Alles Zerstörte und Vergessene muß noch einmal aus dem Grund gehoben werden. Mittels der Schuld sucht die Vergangenheit nach ihrer Zukünftigkeit in uns. Hier kann dem späten, allzuspäten Bürgertum und auch dem anfänglichen Bauerntum in der Stadt nichts abgenommen werden: Zerstörung und Schuld müssen auf der Seele und durch entsprechendes Handeln zum Austrag kommen, damit ein Wissen sei, wenn vielleicht einmal die ursprünglichere Form (die Idee) der Stadt, welcher Form die Reichsstadt einmal nahe kam, wieder bei einem Menschen- und Bürgertum anfragen sollte. Zweifellos wird die Erscheinung der vollendeteren, schöneren Stadt nichts Reichsstädtisches als solches an sich haben, sie wird allerdings auf dem Seinsgrund jener Gründung ruhen.

Und die Erfahrungen der Zerstörung werden, mit neuen An- und Ausblicken, nicht auf sich warten lassen: Die „Bürgerpflichten" haben sich zurückgenommen auf etwas, was nicht mehr sehr anstrengt und nicht mehr wehtut und vor allem nicht mehr bis ins Innerste verpflichtet. Belehrungen über das Richtige verpflichten keinesfalls. Das allzu sehr belehrenwollende Erziehen der nachkommenden Generationen bindet diese nicht, macht sie vielmehr gären. Viele Jahrhunderte waren vonnöten, um den reichsstädtischen Bürger entstehen zu lassen und ihn auf besondere Pflichten und Taten hin zu erziehen! Dieser innere bürgerliche Vorrat wird in Bälde aufgezehrt sein. Durch Geld, Konsumption, durch die Vereinnahmung eines „Jobs" ist er nicht aufzufrischen. Es fehlt der Sinn, der geistige Funke und Fundus, sodaß sich die materiellen Errungenschaften leicht gegen den Menschen als Bürger und Großstädter kehren. Der unterliegt bzw. reagiert lieber, als daß er einsieht. Der 4. Dezember hängt damit zusammen.

Erst wenn es am Bürger gebricht, kommt der Großstädter herauf, der das bürgerliche Leben zugunsten der gleichgemachten, gleichgültigen Annehmlichkeiten von sich stößt. Dabei zeugt er selber seine Unannehmlichkeiten. Seine breiten Straßen führen in Sackgassen hinein, gegen die alle historisch dokumentierten als Harmlosigkeiten erscheinen. Hier die Leier zu schlagen, wie Heinrich von Kleist bemerkt, wird dem Dichter verwehrt sein. Vermutlich jedoch wird auf eben dieser Leier die kommende Stadt ihre Ankunft vermelden, und zwar jenseits des heutigen Tages, wann auch immer. Wahrscheinlich wird, so möchte ich dieses Kapitel beschließen, auf derselben Leier auch die Wahrheit, die im Wein west, einmal wieder zum Klingen gebracht werden.

Robert Mayer, der größte Sohn der Stadt

„Nobody thought of saying that the ultimate problem of existence being clearly insoluble and even unthinkable on causation lines, could not be a causation problem"

G. B. Shaw

Weil die Welt ein Wunder ist,
Gibt's eine Poesie.
Was ihr nach Grund und Folge wißt,
Erklärt das Rätsel nie.

Franz Grillparzer

Die Erscheinung Robert Mayers, wie sie vom zuständigen Sonett aufgegriffen wird (S. 15), gehört zum Bedenklichen, mindestens zum Nachdenkenswerten, was von der ehemaligen Reichsstadt auf uns herabgekommen ist. Es geht darum, daß wir den Begriff der <u>Kraft</u> (δυναμις und ενεργεια) und ihrer „Erhaltung", der für immer untrennbar mit dem Namen des Heilbronner Bürgersmannes verbunden ist, noch einmal <u>an Leib und Seele</u> in Erfahrung bringen, also anders, als es uns von der mathematisch-physikalischen Weltsicht her bekannt ist. Wer also errät schon an Robert Mayers Behauptung vom 8. Mai 1842: „Kräfte sind Ursachen, mithin findet auf dieselben volle Anwendung der Grundsatz: *causa aequat effectum*" einen Stein des Anstoßes? Damit sind nicht eventuelle Korrigierbarkeiten, Überholungen durch den wissenschaftlichen Fortschritt gemeint, sondern es wird allein einem so notvollen wie wunderlichen Drängen aus dem Innern nach <u>Aufhebung</u> jenes Grundsatzes und seiner Problematiken entsprochen. Eine vertraute Lebenswelt mußte ja schon längst auseinander gefallen sein, damit die Vorstellungen des materialistischen Monismus, der Monokausalität unter Mitwirkung der Mathematik überhaupt ihre Vormachtstellung antreten konnten. Ist dies aber geschehen, dann lassen sich die Phänome (ihre Bezüge zueinander) auf die Ebene der Mathematik transportieren und dort mit einem unumstößlichen Beweis versehen. Das Experiment scheint die Wirklichkeit wiederzugeben bzw. deren „Umsetzung" in eine andere Wirklichkeit zu leisten. Was ist Wahrheit, wenn die Welt als Quantität, als der Berechnung unterworfen betrachtet wird? Was ist *Kraft*, wenn sie Geschlossenheit vorgibt, jedoch keinem Ganzen mehr entspricht, insofern sie alles ausschließt, was ihr nicht äquivalent sein kann? Nichts ist ohne Grund, doch ist Monokausalität imstande, den einen Grund zu liefern?

Der Warnruf Goethes, daß die Natur auf der Folter verstumme und die Berechenbarkeit eine Gefahr sei, ist heute ernster denn je zu nehmen. Er wird aber ignoriert. Die Versuchsaufbauten jeglicher Art, die Umfragen und „Studien", die statistischen Erhebungen, die Verengungen aufs quantitativ Faßliche lassen nur die gesuchte, also von vornherein gegebene Antwort innerhalb der geschlossenen Kausalkreisläufe zu. So ist gerade die mathematische Erfassung der Sachverläufe schließlich eine Verengung, unter der notwendigerweise verengte Fortschritte zustandekommen. Die Naturwissenschaft, die sich neuzeitlich an die Zahl gebunden hat, muß auch als Verzicht aufs Ganze, als „Eliminat" (Hans Blüher) gedacht werden. Was sich in den Versuch aufnehmen und durch ihn er- oder beweisen läßt, schließt Welten aus. Fragwürdig wird die Naturwissenschaft, wenn die beschränkende, beschränkte Sicht als die einzige bestehende, als wahr und wirklich und unantastbar hingenommen wird. Dann entstellt sich das Wirkliche, das sich nicht für immer auf die Folter spannen läßt, wie sich auch die Natur auf die Dauer nicht von einer „instrumentellen" Vernunftvarianten (vgl. M. Horkheimer und Th. Adorno) einschnüren läßt. Was einmal Befreiungen versprach, zeitigte Entfesselungen, denen jetzt nicht mehr Einhalt geboten werden kann.

So muß auch gefragt werden, ob Wärme weiterhin mit dem Begriff der „Energie" gleichgesetzt werden kann. Auch Albert Einsteins Hoffnung, daß sich das Gesetz zur Erhaltung der Energie retten läßt, „wenn wir herausfinden, wo die Umwandlungen stattfinden und auf Kosten welcher anderen Energieformen die Wärme entsteht" (Die Evolution der Physik), mag sich durch die Gleichsetzung von Masse und Energie - in einem „Gesetz von der Erhaltung der Masse-Energie" (ebd.) - nicht als unumstürzbar bestätigen. Der Monismus wird hier nur auf die Spitze getrieben. Gerade die Begriffe „Masse" und „Energie" sind Eliminate, so umgreifend sie erscheinen, so unverrückbar sie feststehen mögen. Manches Phänomen beugt sich der Physik, das Ganze aber verweigert sich ihr.

Die mathematische Feststellung verhindert gewissermassen die Möglichkeit des Hinauswachsens über sie, also die überlegene Deutung ihrer. Die Zeiten sind aber vorüber, in denen Leibnizens Satz: Cum Deus calculat, fit Mundus von der Wahrheit beflügelt war und das menschliche Kalkulieren zugleich rechtfertigte. Die Zahl, so allbedingend sie im Zeitalter der Neuzeit geworden ist, ist nicht mehr im ursprünglichen Sinn schöpferisch, nicht mehr Geschichte zeugend.

Αριθμω δε τε παντ' επεοικεν. („Alles entspricht der Zahl", Iamblichos) gilt nicht mehr unbedingt, gerade in der Zeit, in der niemand mehr über den Rand der Zahlenwelt hinauszuschauen imstande ist. Die antike Zahl, unter deren Magie die Pythagoräer, ja auch das abendländische und morgenländische Mittelalter noch lange stehen, läßt die Natur in der Schwebe; die neuzeitliche Mathematik zwingt die Natur unters Zahlengebilde, woraus zuletzt nicht

„Welt", sondern unvordenkliche Vernichtung von Welt und humanitas wird. Was Ursache, was Wirkung ist, das läßt sich wohl auf einen physikalisch-mathematischen Begriff bringen, aber dadurch nicht eindeutig untertan machen. Was durch die Zahl ins Dasein gehoben, was durch den Begriff der „Energie" in die Welt gesetzt wurde, das wird der deutenden Erkenntnis nach und nach zugänglich. Nicht von der Hand zu weisen ist, daß mit dem Gesetz von der Erhaltung der Energie ein entscheidender Sinn dieser Zeit eingefangen wurde. „Energie" – das ist ein grundlegender Begriff, ein geradezu mythischer Aspekt dieser späten Epoche. Nachdem seine materiellen Auswirkungen mit uneingeschränkter Furchtbarkeit über die Menschheit hereingebrochen sind, verdient er es nicht mehr, eindeutig im menschlichen Tatengedächtnis erhalten zu werden. Seine Überwindung, die auch mit der Überwindung der instrumentellen Zahlenhaftigkeit der Welt einher geht, wird einst geleistet werden müssen, wenn anders der Erdball noch einmal eine menschenwürdige Lebenswelt abgeben soll. Der Skeptiker der Mathematik und Physik muß allmählich seine Arbeit verrichten. Was im übrigen schon längst von Goethe versucht wurde: „Als getrennt muß sich darstellen: Physik von Mathematik." Es muß auch wieder in Erfahrung gebracht werden, daß der Versuch nur die Prämissen beweist: „Es ist vieles wahr, was sich nicht berechnen läßt, so wie sehr vieles, was sich nicht bis zum entschiedenen Experiment bringen läßt." Und: „Das Zurückführen der Wirkung auf die Ursache ist bloß ein historisches Verfahren..." Also ein vorübergehendes. Nur sind wir an gewisse Vorstellungen und Begriffe von Ursachen gewöhnt, die sich so in den Verstand eingraviert haben, daß damit nicht leicht tabula rasa gemacht werden kann. So werden heute die erfahrbaren Wirkungen auf wenige verständliche, d.h. geläufige Ursachen zurückgeführt. Der Monismus ist also unbesiegt. Alles scheint von der Energie ableitbar und abhängig zu sein, wunderbarerweise auch die „Materie". Die Begriffe (Vorstellungen) von Energie und Materie sind indes nicht durchzuhalten, wenn der Mensch einmal auf ganz andere Lebensexperimente und –risiken stößt. Auch Goethes Naturwissenschaft steht ihm noch bevor, wenn erst der <u>Sinn</u> der neuzeitlichen Wissenschaft, das ist der der Technik, denkbar geworden ist und eine andere Natur- und Welterfahrung möglich wurde. Wieviel Unerhörtes kann einem Menschentum noch bevorstehen! Auf keinen Fall erhält sich Energie, und mutmaßlich ist Energie nicht „erneuerbar" (sustainable). Sie verschwindet, wer weiß, wohin. Spätestens der ausgelaugte Globus wird die Vorstellung von ihr verschwinden lassen. Womit auch die Gelegenheit wieder gegeben wäre, Kraft und Stoff in ihrer ursprünglichen geistigen (philosophischen) Verfassung aufgehen zu lassen. Andere Ursachen werden denkbar, die allerdings der langen Gewöhnung an sie bedürfen. <u>Ethische</u> Experimente, in höchster persönlicher Not geboren, sind unerlässlich. Was ist zum Beispiel gemeint mit dem Diktum des Novalis: „<u>Logische Dynamik</u>. Theilung und <u>Erweiterung</u> der Schwierigkeiten ist also zugleich eine <u>Concentrations-</u> und <u>Bildungsoperation</u> der Kraft – und eine <u>Verkürzung</u> und <u>bessere Benutzung</u> der Zeit." Ein ethisches Problem! Lassen wir es uns durch den Kopf gehen, bis es sich uns in seiner Bedeutung offenbaren will! Es ist anzunehmen, daß Novalis, der seiner Zeit auf mannigfaltige Art und Weise voraus war, eine Überwindung des Monismus meint, welche heute noch nicht richtig begonnen hat. Irgendwann wird die Kausalität, die als Kategorie des Denkens im Kantschen Sinne vielleicht niemals aufzuheben ist, ganz andere <u>causae</u> für den kommenden Menschen aufschließen. Auf alles, was ist und da ist, wartet ein Grund, allerdings einer, der sich mit einer ganz anderen „logischen Dynamik" zusammengetan hat bzw. zusammenzudenken ist. Bis dahin hat man nicht viel in der Hand, wenn man eine materielle, sinnliche, intellektuelle, also herabgekommene „Ursache" besitzt.

Wenn Rudolf Kassner, der österreichische Denker (1873 – 1959), dem Gesetz von der Erhaltung der Kraft eine so große Bedeutung beimißt, dann zielt er auf jene Dynamik des Logos (gewiß nicht der Logik) ab, unter der sich Sprache und Kultur zu etwas Unvordenklichem verwandeln. Von jenem Gesetz ab, schreibt er, „wird die Zahl Sprache, die Sprache der Materie selber," was bedeutet. „daß der Materie somit jede magische Bedeutung, jedes magische Dasein abgesprochen werden muß" (Das neunzehnte Jahrhundert). Das magische Zeitalter ist keine Schimäre, es ist nur in seiner Wesensart unverständlich geworden. Weiterhin: „Wer die große Tragweite des Gesetzes von der Erhaltung der Kraft ganz übersieht, wird zuletzt finden müssen, daß wir damit endgültig aus der mimetischen, aus dem Mythos geborenen Welt herausgetreten sind. Herausgetreten in eine psychologische." Von diesen eher schlichten als tönenden, den Geschichtsannalen ganz und gar vorenthaltenen Zusammenhängen her wird ein Zeitalter aus den Angeln gehoben! Und das Ungeheure umgibt sich mit dem Mäntelchen einer eher farblosen bürgerlich-wissenschaftlichen Angelegenheit: „Das Jahrhundert hat den Begriff Monismus erst geprägt. Die ganze Wissenschaft nach Robert Mayer mit ihrer Ablehnung der Endursachen, jeder Art von Finalismus ist monistisch oder sucht es zu sein."

Die entstandene „psychologische Welt", das ist die Welt, die sich nicht mehr aus dem Vorgriff auf die Ideen, aufs Niedagewesene, sondern allein aus dem Sinnfälligen, in die Sinne Fallenden, Verständlichen, Handgreiflichen, Nützlichen, Beweis- und Berechenbaren, aus den vorhandenen fachlichen Begriffen gebären bzw. verändern soll. Monismus heißt: Was nicht auf den durch systematischen Gebrauch abgesicherten Begriff, auf das gebräuchliche Kausalverständnis rückführbar ist, das gibt es eigentlich nicht. In der „psychologischen Welt" ist alles auf den Menschen und sein Hiersein und Nutznießertum ausgerichtet und empfängt hiervon sein Daseinsrecht, seine causae, seine Rettungen. Die unverständlichen Leiden und Widerstände, die das Leben entbietet, sind das, was in dieser Welt eigentlich nicht sein soll.

Der Einwand Rudolf Kassners gegen den Monismus aber bringt uns zu dem oben angeführten Satz des Novalis und zu unserem eigenen Ansatz zurück, welcher sicherlich auf „Concentrations- und Bildungsoperationen", d.h. auf „Erweiterung der Schwierigkeiten" hinausläuft. Wo wesentlich geschöpft wird, ist die wissenschaftliche Monokausalität, ist die Berechnung, die Berechenbarkeit der Welt schon überholbar. Rudolf Kassner sagt: „Einer Welt von Formen gegenüber ist mit Ökonomie, mit dem Gesetz der Erhaltung der Kraft nichts auszurichten. Wo Form, Geformtes, Gestaltetes gelten soll, dort muß verschwendet werden können. Oder dort gehört Verschwendung mit zur Ökonomie." In der bedeutenderen Kultur wird mit vollen Händen und aus anderen (oft unbegreiflichen) Ursachen und anderem Sinn heraus ausgeteilt. Es wird vergeudet an Gerechte und Ungerechte. Weil Großzügigkeit waltet, soll nichts erhalten werden, am allerwenigsten die Kraft. Und die Leiden dürfen nie mehr psychologisch gedeutet werden, wenn der Großmut eingekehrt ist! Als „erweiterte Schwierigkeit" sind sie die Voraussetzung der menschlichen Bildungsoperationen, d.h. der schöpferischen Möglichkeiten. Die Zeit ist tatsächlich neu und gut zu nutzen! Wir haben genug, um sie zu verschwenden! Der immer noch regierende Monismus ist bloß eine bürgerliche Untugend, wie das Sparen. Kausalität kann vielerlei Gründe und Folgen haben. Auf den eingebürgerten (oder auszubürgernden) Begriff kommt es in Sachen der Ursächlichkeit gar nicht an: Wir begreifen, nicht weil etwas

„objektiv wahr" wäre, sondern weil ein geltender Begriff unsere Wahrnehmung bedingt. Die gängigen Ursachen haben wir schon immer begriffen. Wahrheit ist als solche unbegreiflich. Man wälze den zentralen Ausdruck Kants, den ich dem Sonett „Robert Mayer" vorangestellt habe!

Was aber Rudolf Kassner in seinem 1931 gehaltenen Vortrag „Der Einzelne und der Kollektivmensch" als Errungenschaft des Mayerschen Monismus durchschaut, geht über den Gedanken der Auflösung des sich aus dem Mythos vollbringenden Lebens hinaus und bezeichnet eine Erschütterung der Grundfesten des Abendlandes. Er schreibt: „Welches ist nun im Bereiche der puren Materie das große Gesetz, das unserem Helden des Lebens, wie wir ihn noch einmal bezeichnen wollen, diesem ohnmächtigen Mächtigen, entspräche wie der Körper dem Geist oder zu ihm gehörte? Ich gestehe, daß ich lange gebraucht hatte, bevor mir diese geahnte Entsprechung aufzudecken geglückt war, obwohl ich von dem Augenblick an darauf aus war, da mir dieser ohnmächtig Mächtige und dessen Sinn innerhalb des sogenannten Lebens, das wir weiter von der Natur geschieden haben wollen, aufgegangen war. Es ist das Gesetz der Erhaltung der Kraft in der Formulierung Robert Mayers, die zugleich streng und schön ist. Es enthält in sich alle die großen Gesetze der klassischen Physik von Galilei und Newton an, ja man darf es als deren Vollendung bezeichnen und den Schlußstein auf dem Weg der Entwicklung, die mit der Entdeckung der Fallgesetze durch Galilei begonnen hatte. Die Frage lautet nun, worin der letzte, menschlichste Sinn dieses Gesetzes und der ganzen klassischen Mechanik liege? Die Antwort ist: Darin, daß es innerhalb des Reiches der Materie endgültig mit dem antiken Herrschaftsbegriff, mit dem Begriff des Anfangs (αρχη), aufgeräumt hat. Wir erkennen die Entsprechung und damit auch die Bedeutung dieses Satzes für den Einzelnen und das Kollektivum. In einer Welt, heißt das, ohne Sanktionen."

Rudolf Kassner, der Mann der überraschendsten gedanklichen Verknüpfungen, nimmt Robert Mayers Gesetz aus dem vordergründigen wissenschaftlichen Zusammenhang heraus und unterstellt es einem umfassenderen, übergeordneten: Er versteht es als den treffenden Ausdruck eines europäischen Ereignisses, nämlich des Ereignisses der Heraufkunft des „Kollektivmenschen". Dieser repräsentiert ein Leben aus anderen Grundbedingungen – mit ihm erst geht die antike Lebensgestalt und ihre innere (also auch äußere) Ordnung zu Ende. Der antike Mensch aber ist der, der sich aus Anfängen, sagen wir: aus dem Niedagewesenen eines Ethos schöpfte und infolgedessen seine eigenste unübertreffliche Größe erlangte. Was ihn im Leben hielt und auszeichnete, das nennt Kassner „Herrschaft." Immer war der antike Mensch, wie auch der, der sich geistig auf diesen bezog und ihn in der abendländischen Geschichte fortzeugte, von einem Anfang (αρχη) sanktioniert. Europa entstand aus Anfängen, was den Menschen zu einer denkwürdigen Einzigkeit (später „Individualität") emporwachsen ließ, und zwar von jeder Rang- und Standesstufe aus. In einer „Welt ohne Sanktionen", also des Anfangs und der Anfänge beraubt, doch auf deren Grund fortwuchernd, verschwindet nach und nach die Einzigkeit des Menschen, und der Massen- oder Kollektivmensch hebt mit seinen Eigenarten an, die sich je länger je mehr von Machtschößen, geschlossenen Systemen und Staatsapparaten herleiten und auf deren Ausbau verlegen. Auch der „Einzelne" in seiner Vereinzelung hat diesen unweigerlich anzugehören. Vorübergehend hebt er sich von den Erscheinungen des Kollektivs ab, manchmal ohne sich wirklich von ihnen unterscheiden zu können, weshalb er zuletzt wieder hart ins Kollektiv zurückfällt. Dem Kollektiv aber eignet kein echtes Ethos, also auch keine hoheitsvolle, einzigartige Herrschaft, sondern was es anstachelt, das ist der dumpfe Trieb zur Macht und ihren Mitteln. Ein „Ethikkomitee" ist eine Einrichtung des Kollektivs; die ethische Entscheidung, die eine Sache des Individuums ist, kommt darin nicht vor. Die souveräne Herrschaft in der Antike wollte gar nicht zur Macht, sie verlor auch unter keinen Umständen den Charakter der Einzigkeit. Sie herrschte, indem sie über der Herrschaft stand. Zur Macht drängen die Ohnmächtigen. Der „ohnmächtig Mächtige", der gleichgerichtete „Held des Lebens", das ist der, der dem Gesetz von der Erhaltung der Kraft (dem Gefälle der Macht, den Normen des geschlossenen Systems) am präzisesten entspricht, dem dieses Gesetz wesentlich entspricht. Wenn die Erhaltbarkeit, ja „Unzerstörlichkeit" (Robert Mayer in den <u>Bemerkungen</u>) der Energie festgelegt ist als Gesetz (oder als Wiederkehr des Gleichen), dann ist der <u>Anfang</u>, der eigentliche europäische Grund, schon entwichen. Dann mag der Grundsatz: *causa aequat effectum* in seiner Ausschließlichkeit und dauernden Begriffenheit gelten. Das antike Menschentum und seine Herrschaft sind damit aufgehoben; der ohnmächtig-mächtige Kollektivmensch hat sich und sein Kausalverständnis, das Verständnis seiner Bedürfnisse und Wünsche in der Folge vollendet durchgesetzt. Erst damit ist die <u>humanitas</u> des Altertums abgetan. Die Machtergreifung der Kalkulation und des Kalküls kann stattfinden.

Von Rudolf Kassners Subsumtion ist es nur ein kleiner Schritt zum Kollektivmenschen, wie er sich <u>jetzt eben</u> herausbildet. Das ist der Mensch der Massenmedien, der sich ganz und gar von der „Herrschaft", d.h. von der eigensten Nachdenklichkeit und selbständigen Verantwortung, verabschiedet hat. Das Durchschnittliche hat ihn vereinnahmt. Die allerletzten Einzelnen werden fast widerstandslos von diesem Kollektiv entwurzelt, das nun die ohnmächtigen Mächtigen insgesamt (den „letzten Menschen" Friedrich Nietzsches) erhöht und gliedert und sanktioniert. Unaufhörlich bekommt der Kollektivmensch die Propaganda der geläufigen Machtapparate vorinszeniert. Er bekommt eingeflößt, was für ihn das Richtige sei. Wohlstand und Segen und Freiheit scheinen sich ihm von den Bildschirmen her in den Schoß zu legen, und er unterwirft sich der immer suggestiver und totalitärer werdenden Monokausalität. Die Begierden und Beschäftigungen des Medienmenschen entsprechen genau der Erscheinung des Massenhaften, des „Ohnmächtig-Mächtigen", die Rudolf Kassner erblickt, also dem, was in Robert Mayers Gesetz von der Erhaltung der Energie „genau und schön" ausgedrückt ist. Der ohnmächtigen Macht der Massen kommen die Medien mit ihrer Unterdrückung durch „Vernetzung" genau entgegen. Und der vergeblich um seine Freiheit ringende letzte Einzelne, der ja den Maßlosigkeiten der Massenkommunikation abhold ist, ringt um Atem. „Was ist Freiheit!", ruft indes der Medienmensch aus, „es geht um die Erhaltung der Energie!"

Nicht ausgelassen werden sollen die Anmerkungen Friedrich Nietzsches zu Robert Mayer, die in einem Brief an Peter Gast (vom 20. März 1882) zu finden sind.

„Ich las in Robert Mayer. Freund, das ist ein großer Spezialist – und nicht mehr. Ich bin erstaunt, wie roh und naiv er in allen allgemeineren Aufstellungen ist. Er meint immer, wunder wie logisch zu sein, wenn er bloß eigensinnig ist. Wenn irgend etwas gut widerlegt ist, so ist es das Vorurteil vom <Stoffe> - und zwar nicht durch einen Idealisten, sondern durch einen Mathematiker, durch Boscovich. Er und Kopernikus sind die beiden größten Gegner des Augenscheins. Seit ihm gibt es keinen Stoff mehr, es sei denn als populäre Erleichterung. Er hat die atomistische Theorie zu Ende gedacht. Schwere ist ganz gewiß keine <Eigenschaft der Materie>, einfach weil es keine Materie gibt. Schwerkraft ist, ebenso wie die vis inertiae, gewiß eine Erscheinungsform der Kraft, einfach weil es nichts anderes gib als Kraft. Nun ist das logische Verhältnis dieser Erscheinungsformen zu anderen noch ganz undurchsichtig.- Gesetzt aber, man glaubt mit Mayer noch an die Materie und an erfüllte Atome, so darf man dann nicht dekretieren: <es gibt nur eine Kraft>. Die kinetische Theorie muß den Atomen mindestens außer der Bewegungsenergie noch die Kräfte der Kohäsion und der Schwere zuerkennen. Dies tun auch alle materialistischen Physiker und Chemiker! Und die besten Anhänger Mayers selber. Niemand hat die Schwerkraft aufgegeben! – Zuletzt hat auch Mayer noch eine zweite Kraft im Hintergrunde, das primum mobile, den lieben Gott, - neben der Bewegung selber. Er hat ihn auch ganz nötig!"

Der Beweger, der vom globalisierten Kollektiv einheitlich angebetet wird, das ist die Energie, gleich in welcher Erscheinungsform. Daß um die Erhaltung der Energie Kriege zu führen sind, gleich in welcher Form, erscheint allenthalben als eine Selbstverständlichkeit. Dabei wird für immer undurchsichtig, d.h. undenkbar, also auch wissenschaftlich undurchdringbar bleiben, was es mit der Verwandlung von einer Form in die andere auf sich hat, mögen die Rechenexempel glasklar und die Technik penibel sein. Das hat auch Einstein beschäftigt (siehe oben). Nietzsches Denkansatz hingegen, der kein materialistisch-wissenschaftlicher ist, geht von der Kraft, d.h. von den verschiedenen (unterscheidbaren) Kräften aus, neben deren Zusammenwirken der „Stoff" als immateriell erscheint. Dabei ist zwar auch Nietzsche die „zweite Kraft", das „primum mobile" nicht abhanden gekommen, doch die Materie hat für ihn die gewohnte Geltung als Trägerin von Bewegungen, Beschaffenheiten, Strukturen und Funktionen eingebüßt, ohne daß sie damit gleich zur Magd, zum Trugbild, zur Zufälligkeit geworden wäre. Sie erscheint ihm nur nicht als Ausdruck einer erforschbaren Objektivität (Objektität), sondern als Sache der schöpferischen Tat. Doch wie sollte sich die Energie, wie sollten sich die Energien zu erkennen geben, es sei denn in Objektivationen? Es müßte eine Art der Objektivation heraufkommen, die sich der Objektivität an sich entledigt hat. Ein Paradox für unser Vorstellen. Es müßte eine Objektivität sein, die von den geschlossenen Systemen und wissenschaftlichen Experimenten aus nicht zu erfahren ist, weil sie auf ein Ganzes abzielt, eine Objektivität nicht für „Spezialisten", Fachleute, Professionelle, sondern für Arbeiter im Geiste. Doch so wenig der Begriff der Energie und ihren zwingenden Objektivationen in absehbarer Zeit abhanden kommen wird, so wenig kann die zugehörige Vorstellung von der Materie an sich verschwinden, weshalb sich noch lange eben dieselbe Energie immer wieder gegen ihren Objektivationskörper, die Materie, richten wird. Energie und Masse sind nicht identisch: Sie versöhnen sich nicht, schaffen nicht das Versöhnliche miteinander. Sie sind im Widerstreit. Was also spürt Nietzsche im Lesen von Robert Mayer, was in seinen Formulierungen vage, ja unbegründet bleibt? Dieses: Daß es letztlich keine friedliche Nutzung der Energie und ihrer Phänomene geben kann, insofern Kraft ursprünglich eine geistige, auf die Materie zunächst gar nicht übertragbare Angelegenheit ist. Als Energie wird sich die Kraft gegen ihre eigene Erhaltung in den Objektivationen auflehnen. Die Vorstellung von der Energie, ebenso die von der Materie und deren Objektivität im herkömmlichen Verstande, muß schließlich in Frage gestellt werden. Das möchte auch mein Sonett über Robert Mayer ans Herz legen. Über Rudolf Kassners Deutung gehe ich hinaus, wenn ich Robert Mayers Vorstellung von der Energie mit dem 4. Dezember 1944 verknüpfe, dem Tag, an dem die alte Reichsstadt in Schutt und Asche aufging und in die tieferen Erd- und Seelenschichten absank. Daß dabei der Einzelne mit hinuntergerissen wurde, der Kollektivmensch jedoch erst sein eigentliches Recht auf Raum und Aufstieg erhielt, ist ungeheuerlich, aber nicht von der Hand zu weisen. Vielleicht hätte der Einzelne wirklich eine Verheißung anderer Kräfte und anderer Objektivierungsmöglichkeiten sein können. Jetzt ist er ziemlich aus der Geschichte gedrängt worden.

Mit dem wissenschaftlichen Versuch, den Robert Mayer beispielhaft darstellt, kann die Ursache, die gewiß nur an ihren Wirkungen erkannt wird, nicht mehr als geistige Tatsache anerkannt werden. Das Ursächliche ist handgreiflich, augenfällig, beweisbar, empirisch geworden; die Mathematik hat es auf ihre Seite gezogen. Jetzt wird die Natur bloß noch innerhalb der Grenzen des Experimentierfeldes oder als Forschungsobjekt anerkannt. Dabei bleibt das Unerwünschte, Unbrauchbare, Störende, Geistige, Unzähliges also ausgeklammert, sodaß sich jenseits der bewußten Objektivierungen eine grandiose Schiefheit des Lebens einrichtet, und zwar immer hartnäckiger, je unverständlicher die dazugehörigen Entzüge oder Zerstörungen in der Objektwelt sind. Je abstrakter die Vorstellungen der Physik werden, desto undeutbarer werden die damit einhergehenden realen Bedrängnisse und Verwüstungen. Die Rationalität zeugt nicht nur am Objektiven, sondern auch am Irrationalen fort und fort. Das Experiment hat also keinesfalls eine befreiende Wirkung, sondern es beschränkt, zwängt ein, schafft unvorhersehbare Widerwärtigkeiten. Niemals kann die Energie, wie sie auch bezogen oder nachhaltig gemacht werde, erhaltend sein. Sie steht immer unter Druck. Daß der Begriff der Kraft – ein echtes Prinzip – nicht in der geistigen Dimension verbleiben durfte, ist folgenschwer für Europa und den Erdball geworden. Robert Mayer hat ihn ins Empirische übersetzt, herübergesetzt. Der Widergeist der Energie, die Energie als Ungeistiges, die Kraft also, „die dem Himmel verweigert wurde," wie das Sonett sagt, sammelt sich in der Bedeutung des 4. Dezember. Daß die Kraft zur Energie, oder auch zur „Masse" wurde, das ist das Verhängnis! So mag der „größte Sohn der Stadt" auch mit deren Untergang assoziiert werden, eine unheimliche Koinzidenz, die nota bene nicht auf die Person Robert Mayers bezogen oder mittels einer Kausalvorstellung, einer juridischen Schuld faßbar gemacht werden kann: Robert Mayer und die Kraft, die zur Energie wurde, stehen in einem geschichtlichen Ereignis, in einem Geschick. Wir sind noch keinesfalls herausgenommen oder davon erlöst.

Genaugenommen sind Wärme und Bewegung inkommensurabel. Daß sie als äquivalent in Bezug zueinander gebracht werden konnten, verdankt sich dem Umstand einer unvergleichlichen Lebensnot. Mit der vorgestellten Äquivalenz, mit den Subsumtionen, Abstraktionen, Kausalprinzipien, war auch schon das Menschentum da, welches die Folgen hervorbringen konnte, ohne sie zu begreifen. Das

107

20. Jahrhundert steht auf dem Boden des 19.; und auch das 21. hat diesen Boden noch nicht verlassen. Die Konsequenzen jener genialen wissenschaftlichen Taten sind heute nicht aus der Welt zu schaffen. Aber die von der Wissenschaft geschaffenen Nexus und Vergleiche lassen auch das Unvergleichliche aufstehen, jenen Moloch nämlich, „der mit dem selben Finger droht", dem es immer wieder gelingt, die geschichtlichen Umstände und Gestaltungen an sich zu reißen. Mit der Energie wird sich seine Zerstörungsgewalt erhalten. Friede und Energie sind eben nicht äquivalent d.h. auf einander zu beziehen. Sie können selbst nebeneinander nicht bestehen.

Dies ist ja das Unerhörte und nun wieder in-Frage-zu-Stellende, daß die Wärme mittels der Zahl als „Äquivalent" faßbar wurde. Indem die wissenschaftlichen Experimente gelangen und die Erscheinungen überhaupt unter einen Hut gebracht werden konnten, wurde die Natur, die eigentlich nicht dazu da ist, daß sie untertan gemacht werde, vergewaltigt. Die Äquivalente brachten in der Natur die Gegenwertigkeiten in Aufruhr, die nicht zahlenmäßig auszudrücken sind. So ist die Natur zu maßlosen Gegenbewegungen übergegangen. Dabei wird die an die Zahl gekettete Sinnlichkeit nach und nach der Sinnlosigkeit überantwortet. Die Exaktheit erscheint als Willkür, wenn sich das, was an der Natur nicht berechnet werden kann, unter dem Druck der immer exakter werdenden Berechnungen aufbäumt. Was sich dann dem Menschen entgegenrichtet, das ist unmeßbar, unermeßlich. Es beugt sich dem Gesetz von der Erhaltung nicht. Es sind die Äquivalente, die in die Sprunghaftigkeiten und Maßlosigkeiten übergehen. Was einmal wohleingerichtet erschien, wird plötzlich von den Unstetigkeiten, von den „Chaostheorien" eingeholt. Ein anderes ist die Mathematik als Kunstwerk, ein anderes ist die Mathematik als Nötigung. Auch die Welt aus der Berechnung muß einmal die Herrschaft abgeben, womit, vorübergehend wenigstens, auch das Chaos abdankt.

Robert Mayer betrachtete die Natur als „geschlossenes System". Gerade hier liegt der Haken, denn jedes System ist ja nach allen Seiten hin offen und von allen Seiten her zu beeinträchtigen. Die Natur aber ist überhaupt kein System. Es gibt gewiß etwas an ihr, was sich dem Funktionieren unterstellt, der systematisierten Erforschung aber verweigert. Was sich der Künstlichkeit des Versuchs ergibt und gar treu und brav in einem geschlossenen System marschiert, das kann sich auch ohne weiteres dem Diktat der angewandten Mathematik entziehen und dabei <u>mehr</u> als das System sprengen. Wir erleben es jetzt immer wieder.

Mathematisierung der Welt ist nur möglich im Absehen vom Ganzen der Welt. Lebensgleichungen gehen niemals auf. Wieviel unmeßbare Energie ist doch vonnöten, um den Versuch aufzubauen, der die Erhaltung der Energie durch Messung beweist! Von wieviel Unermeßlichkeit ist doch das geschlossene System abhängig! Wieviel Großzügigkeit und Toleranz setzt die Berechnung voraus! Und wieviel Zwang läuft ihr nach! Und wieviel Bereitschaft zur Täuschung! Beweisen läßt sich nämlich alles, wenn nur der Versuch dementsprechend angeordnet wurde. Wir können eben, so Wittgenstein, die Frage nur stellen, wenn wir die Antwort schon haben. Manche Antwort ist nicht der Frage wert.

Vielleicht hat Robert Mayer nicht nur auf die Erhaltung der Energie, sondern auch auf die fatale Möglichkeit von deren Stauung im geschlossenen System hingewiesen. Von daher das Detonationspotential.

„Gott ist tot," sagen die Modernen, „es lebe die Erhaltung, nein: die Potenzierung der Energie!" Das Band zwischen der auf den Sinnen und der Bewußtheit erscheinenden Welt und den geistigen Tatsachen wurde durchtrennt. Damit ist die Kraft, die das alte Europa so weltmächtig werden ließ, ein Akzidens der Diesseitigkeit geworden und heißt nun „Energie". Causa aequat effectum gilt scheinbar immer noch, jetzt aber als Gesetz der Diesseitigkeit, das immer problematischer wird. Die Folgen der Ursachen, auf die man sich verabredet hat, sind nicht mehr absehbar. Jetzt wird der Energiebogen vernichtend, der einmal, als er zwischen Himmel und Erde, Geist und Natur ausgespannt war, eine Schöpfung ausmachte. Kraft war, was der Mensch in sich selber trug, ob er es zu fassen vermochte oder nicht; Energie ist dagegen bloß ein in mehr oder weniger schauerlichen Objektivationen hausendes „Ding an sich". In dem evolutionären oder geschichtlichen Augenblick, in dem der Mensch der inneren Kraft verlustig ging, wurde er der Energie bedürftig, die von außen kommt. Der alte Bogen,

110

der dem Namen nach „Leben", der Tat nach aber Tod heißt (βιος, Heraklit B 48), war gebrochen, wodurch sich die irdischen Verhältnisse neu ordnen mußten, nämlich als ausschließlich menschliche und dann materielle und dann ausgesprochen tödliche Angelegenheit. Gleichzeitig mit dem Entzug der inneren Kraft aber staut sich die Energie irdischerseits, bis es zum Ausbruch kommt und zu einem potenzierten Tod. Zum 4. Dezember.

Gerade der stetig wachsende Bedarf bzw. Verbrauch an Energie verspricht keine Beruhigung der menschlichen Dinge. Die dauerhafte "friedliche Nutzung" der Energie, die Vorstellung von der unaufhörlichen „Nachhaltigkeit", von der endgültigen Versorgung der Menschheit ist unter keinen Umständen möglich. Weshalb die Friedliebenden bedauerlicherweise immer wieder im Unrecht sind.

Der Größe des Gesetzes wegen und der Tragweite dessen, was daran über dessen wissenschaftlichen Rahmen hinaus weist, ist Robert Mayer der größte Sohn dieser Stadt. Da er in ungewöhnlicher Bescheidenheit und Gequältheit in der historischen Überlieferung erscheint, darf sogar behauptet werden, daß er in seiner eigentlichen Größe noch gar nicht gewürdigt wurde. Seiner Vorbildlichkeit ist erst noch Folge zu leisten. Es muß an dieser Stelle auch angemerkt werden, daß niemand wahnsinnig („seelisch krank") wird, weil er sich von der Öffentlichkeit und seiner Zeitgenossenschaft verkannt glaubt - eine ganz verkehrte causa!-, sondern das ungeheure Werk verlangt von seinem Hervorbringer, daß er den dafür verlangten Preis entrichte. Der Genius wird nicht geschont! Auch im Falle Robert Mayers gehören Werk und Leiden untrennbar zueinander, was weder zu loben noch zu bedauern ist. Es wird einmal alles darauf ankommen, die tragische Gestalt und Situation erfahrbar werden zu lassen. Was über Robert Mayer verhängt war, das ist auch über uns verhängt. Ob nicht Schellings Wort aus den Weltaltern dem Verhängnis am nächsten kommt? „Alles kann dem Geschöpf mitgetheilt werden; nur das Eine nicht, von und durch sich selbst zu seyn."

Am 11. Juni 1992 erblickte ich in einem Traum den Versuchsaufbau Robert Mayers. Gleichzeitig kamen Zweifel an der Untrüglichkeit des Experiments geradewegs auf mich zu, nämlich als Wort, das ich selber zu zeugen hatte. Bald war ich fähig, meine Stellungnahme einigermaßen präzise zu formulieren. Lange Zeit ließ mich das Problem nicht los, doch mußte ich an der Formulierung der Prämissen unabänderlich entzweigehen.

Das Problem der Energie ist unlösbar. Auch Äquivalente und Alternativen helfen nicht weiter. Wenn einmal in Erfahrung gebracht wird, was denn Kraft dem Ursprung nach ist, dann ist das Problem unversehens erledigt. Mittlerweile droht die Gefahr, daß sich ein Geschlecht an die Endlösung der Energiefrage macht! Lösungen sind aber nicht des Menschen – je mehr er nach ihnen fahndet, je unerbittlicher er sie zu erzwingen versucht, desto unerbittlicher entziehen sie sich ihm, d.h. das Problem richtet sich gegen ihn. Der Mensch ist der sich auf Erledigungen und Abschiede Zubewegende. Man erinnere sich, daß Robert Mayer seine eigene Erhaltung - zu opfern hatte.

Über eine geraume Zeit betrachtete ich Robert Mayer als meinen genauen existentiellen Gegenpol: Er zieht das Phänomen herüber ins Dasein, während ich versuche, es dem Dasein zu entheben. Sein Naturverständnis (daher auch sein Versuchsaufbau oder Entwurf) ist dem meinen fremd und verwandt zugleich. Wir begegnen einander nicht in der Mitte, sind aber durch eine Achse miteinander verbunden. Das Gesetz von der Erhaltung der Energie sorgt sozusagen für meine Vernichtung. Die von mir erfahrenen Gesetze sind nicht wissenschaftlich, nicht mathematisch formulierbar. Ich habe die Natur, die sinnenhafte Welt so zu durchlaufen versucht, daß sie sich nicht von mir her bezwingen ließen. Was ich zu erschließen versuchte, ließ sich nicht auf einen verständlichen Ausdruck bringen. Äquivalente ließen mich kalt. An meinem Ort ist Kants Auffassung von der transzendentalen Mitwirkung der Mathematik so ziemlich überwunden, nicht aber der Kritizismus als solcher, in dessen Folge Robert Mayer übrigens noch gar nicht stand. Sicher bin ich mir, daß ich schon immer im Wirkkreis des Kritizismus gelebt und die formende Kraft der Vorstellung tief und deutlich in mir erlebt habe. Weshalb mir die Form mehr als die Gehalte, die Schöpferkraft der menschlichen Vernunft mehr als die Geste der wissenschaftlichen Forschung, die Menschenzukunft mehr als die Gegenwart der Energie, die qualitas des Persönlichen mehr als die Quantität der Dinge und die Massenhaftigkeit der Masse bedeuteten. Robert Mayer, der ein zentrales Ereignis des 19. Jahrhunderts darstellt, des Jahrhunderts, das noch gar nicht vorüber ist, wurde mir zu einer zentralen Hilfe in der Überwindung der

Konstellationen eben dieses während Jahrhunderts. Als hätten sich Anfang und Ende, Ende und Anfang freundschaftlich begegnen dürfen...

Zu diesem Zeitpunkt dürfen Robert Mayer und seine geniale Tat nicht mehr ausschließlicher Besitz der Wissenschaft bleiben (geschmückt mit dem unverfänglichen Lorbeer der Historiker). Sie müssen <u>außerhalb</u> des Rahmens der Wissenschaftlichkeit erfahren, ja erlitten werden, wie es Friedrich Nietzsche und Rudolf Kassner beispielhaft beschieden war. Auch mir wurde Robert Mayer überraschend zur Heimsuchung. Erst dergleichen Fügung machte ihn kräftig und lebendig in mir und zum größten Sohn der Stadt. Er konnte dem weniger eminenten Sproß zum leibhaften Seelenführer werden, zum ψυχοπομπος, wie der Grieche sagt, welcher nicht nur der Seele aufhilft. <u>Das</u> war zu beweisen.

F. SCHLUßBESINNUNG
Magna est veritas, et prevalet

Den Wein verlangt's, die Wahrheit zu berichten
in diesem unterweltlichen Rumoren:
Wir lauschen, möchten unsern Anteil dichten.

Im Wein ist <u>Sinn</u>, so flüstert's in die Ohren;
auch das, womit wir sinnend ihn befrachten,
ist <u>a priori</u> schon hineinvergoren.

Grad darauf ist im Urteil streng zu achten!
Und wenn des Weinstocks wildgewachs'ne Reben
beim Lesen manches Mißbehagen machten, -

es gilt, daraus den <u>eig'nen</u> Sinn zu heben!
Groß ist die Wahrheit, die doch ewig währt
im Wein sowohl, als auch im Innenleben,

 wenn sich auch meistens keiner um sie schert.

am 4. August 2014

www.tredition.de

Über tredition

Der tredition Verlag wurde 2006 in Hamburg gegründet. Seitdem hat tredition Hunderte von Büchern veröffentlicht. Autoren können in wenigen leichten Schritten print-Books, e-Books und audio-Books publizieren. Der Verlag hat das Ziel, die beste und fairste Veröffentlichungsmöglichkeit für Autoren zu bieten.

tredition wurde mit der Erkenntnis gegründet, dass nur etwa jedes 200. bei Verlagen eingereichte Manuskript veröffentlicht wird. Dabei hat jedes Buch seinen Markt, also seine Leser. tredition sorgt dafür, dass für jedes Buch die Leserschaft auch erreicht wird

Autoren können das einzigartige Literatur-Netzwerk von tredition nutzen. Hier bieten zahlreiche Literatur-Partner (das sind Lektoren, Übersetzer, Hörbuchsprecher und Illustratoren) ihre Dienstleistung an, um Manuskripte zu verbessern oder die Vielfalt zu erhöhen. Autoren vereinbaren unabhängig von tredition mit Literatur-Partnern die Konditionen ihrer Zusammenarbeit und können gemeinsam am Erfolg des Buches partizipieren.

Das gesamte Verlagsprogramm von tredition ist bei allen stationären Buchhandlungen und Online-Buchhändlern wie z. B. Amazon erhältlich. e-Books stehen bei den führenden Online-Portalen (z.B. iBookstore von Apple) zum Verkauf.

Seit 2009 bietet tredition sein Verlagskonzept auch als sogenanntes „White-Label" an. Das bedeutet, dass andere Personen oder Institutionen risikofrei und unkompliziert selbst zum Herausgeber von Büchern und Buchreihen unter eigener Marke werden können.

Mittlerweile zählen zahlreiche renommierte Unternehmen, Zeitschriften-, Zeitungs- und Buchverlage, Universitäten, Forschungseinrichtungen, Unternehmensberatungen zu den Kunden von tredition. Unter www.tredition-corporate.de bietet tredition vielfältige weitere Verlagsleistungen speziell für Geschäftskunden an.

tredition wurde mit mehreren Innovationspreisen ausgezeichnet, u.a. Webfuture Award und Innovationspreis der Buch-Digitale.

tredition ist Mitglied im Börsenverein des Deutschen Buchhandel

FSC
www.fsc.org

MIX

Papier | Fördert
gute Waldnutzung

FSC® C083411

Zeitfracht Medien GmbH
Ferdinand-Jühlke-Straße 7
99095 Erfurt, Deutschland
produktsicherheit@kolibri360.de